ハーネスをはずして

北海道盲導犬協会の老犬ホームのこと

辻 恵子

あすなろ書房

ハーネスをはずして　北海道盲導犬《もうどうけん》協会の老犬ホームのこと

もくじ

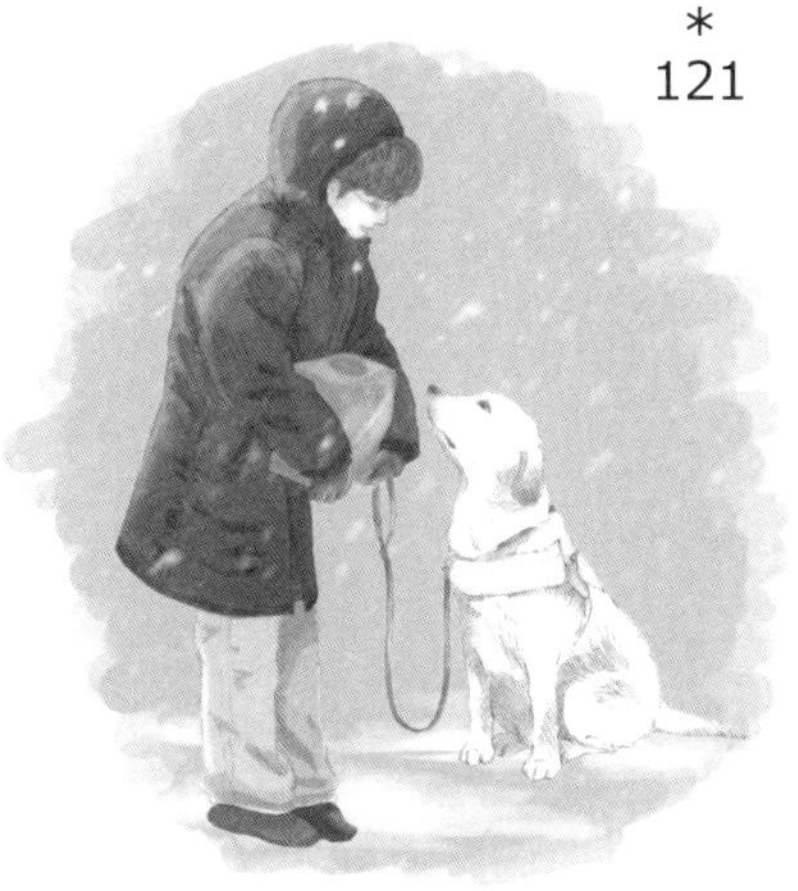

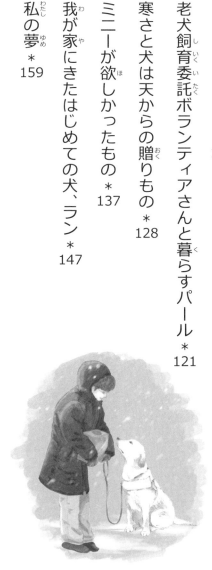

❄ 老犬ホームにようこそ

私《わたし》はこれまでの二十八年間、北海道盲導犬《もうどうけん》協会の老犬ホームで、老犬のお世話をする仕事をしてきました。

二十八年間の月日に、老犬ホームでお世話をして看《み》とった老犬たちは、二五〇頭です。

この老犬ホームは、盲導犬《もうどうけん》としての役目を終えた老犬たちのためのやすらぎのホームです。

盲導犬《もうどうけん》は、視覚《しかく》に障害《しょうがい》をもつ人の目となって、およそ十年、はたらきます。

盲導犬《もうどうけん》が年をとると、引退犬《いんたいけん》となります。引退《いんたい》したあとの老犬たちの生活の場所が、北海道盲導犬《もうどうけん》協会の老犬ホームです。引退《いんたい》したあとの老後は、ハーネスをはずして普《ふ》通《つう》の犬にもどり、ゆっくり過《す》ごして欲《ほ》しいという、ねぎらいの心から協会に老犬ホームが生まれました。

老犬ホームは、視覚《しかく》に障害《しょうがい》をもつ人のためにはたらいてきた盲導犬《もうどうけん》たちに贈《おく》る、最後の愛の贈《おく》りものです。二五〇頭の老犬たちとの思い出がたくさん降《ふ》りつもった、やすらぎのホームです。

老犬ホームの自慢《じまん》の設備《せつび》はいろいろありますが、そのひとつに老犬ひろばがあります。

老犬ひろばは、老犬ホーム屋上に設置《せっち》された、T字型のみどりの芝生地《しばふち》です。

このひろばに立つと、遠くに札幌《さっぽろ》市街が一望でき、近くの豊平川《とよひらがわ》の流れを見おろすことができます。老犬たちは、この芝生《しばふ》のひろばで、のんびりとひなたぼっこを楽しみます。

老犬ひろばに木陰《こかげ》をつくるのは、フジ棚《だな》です。フジ棚《だな》の下には、私《わたし》たち老犬ホームのスタッフがひと休みするためのベンチがあります。

老犬ひろばが、一年じゅうでいちばん美しい季節をむかえるのは、初夏の六月頃《ごろ》です。北国の街、札幌《さっぽろ》の街路樹《がいろじゅ》、アカシアの花が咲《さ》き揃《そろ》い、近くの藻岩山《もいわやま》はあざやかな新緑に染《そ》まります。

そして、老犬ひろばのフジ棚《だな》では、うすむらさき色のフジの花が甘《あま》い香《かお》りを放ち、初夏の風にゆれます。

老犬たちは、スタッフや老犬ボランティアさんたちに、やさしくなでてもらいながら、昼下がりのひとときをのんびりとまどろみます。

歩くのがむずかしくなった老犬たちも、スタッフに介護服《かいごふく》や乳母車《うばぐるま》で運んでもらい、芝生《しばふ》に寝《ね》そべって気持ちよさそうに目をほそめます。

まだまだ元気いっぱいの老犬たちは、とびはね、「遊ぼう！　遊ぼうよ！」とスタッフをさそいます。

私《わたし》たちスタッフと老犬たちが、ぴょんぴょんとびはねてダンスを楽しむのも、この老犬ひろばです。

このひとときが、老犬のお世話をする仕事の幸せな時間です。老犬たちと私《わたし》たちスタッフの心がかよいあって、ひとつになるときです。

盲導犬《もうどうけん》の仕事について、ご説明しましょう。

盲導犬《もうどうけん》とは、視覚《しかく》に障害《しょうがい》をもつ人の目となって、歩行の安全を守る役目をする犬のことです。

視覚《しかく》に障害《しょうがい》をもつ人は、盲導犬《もうどうけん》を使用することで、歩行の安全と自由が得られ、行動範囲《はんい》が広がります。

盲導犬《もうどうけん》を使用する人のことを、ユーザーとよびます。ユーザーとは、英語で「使用する人」という意味です。

盲導犬《もうどうけん》について、よくご質問《しつもん》を受けるのが、

「どうして盲導犬《もうどうけん》には、ご主人のいきたいところがわかるんですか」とか、

「どうして盲導犬《もうどうけん》には、信号の色がわかるんですか」というものです。

これは、盲導犬《もうどうけん》というものが正しく理解《りかい》されていないところからでてくる質問《しつもん》です。

まず、盲導犬《もうどうけん》が視覚《しかく》に障害《しょうがい》をもつ人を目的地に連れてゆくのではありません。また残念ながら犬には信号の色はわかりません。

目的地や信号の色がわかるのは、視覚《しかく》に障害《しょうがい》をもつユーザーです。

目的地についてはユーザーの頭のなかに、目的地までの地図が描《えが》かれています。それを頼《たよ》りに、ユーザーは盲導犬《もうどうけん》に指示《しじ》をするのです。

信号の色については、ユーザーが、車の走る方向を音や風の動きで確認《かくにん》して、盲導《もうどう》犬《けん》に指示《しじ》をするのです。まわりに人がいれば、人が渡《わた》りはじめたのを音で確認《かくにん》して、信号が青だと判断《はんだん》します。

盲導犬《もうどうけん》の仕事は、道路が交叉《こうさ》している交叉点《こうさてん》にきたら必ず止まることです。また、交叉点《こうさてん》から次の交叉点《こうさてん》までのあいだは、通行人や障害物《しょうがいぶつ》をよけながら歩くことです。

こんなぐあいに、ユーザーは、盲導犬《もうどうけん》を頼《たよ》りにしながら、つねに音や風の流れ、足の裏《うら》の感触《かんしょく》でまわりの状況《じょうきょう》に気をくばっています。

盲導犬《もうどうけん》の仕事を身近なものにたとえると、車に似《に》ているでしょう。

車は、運転者の行先も知りませんし、信号の色もわかりません。

運転者が車を動かします。頭のなかの地図を頼《たよ》りに目的地まで移動《いどう》し、用事をすませるあいだは、そこに車を止めておきます。

盲導犬《もうどうけん》も同じです。ユーザーが、「待て」と命じれば、ユーザーがもどってくるまで、そこを動かないで待ちます。

一般《いっぱん》のペットの犬たちのように、不安がって鳴いて主人をよぶこともありません。なぜなら、訓練でそのように教えられているからです。なによりも、盲導犬《もうどうけん》はユーザーであるご主人が、必ずもどってくることを信じています。

もちろん、盲導犬《もうどうけん》は車とは違《ちが》います。

盲導犬《もうどうけん》は、命をもつ動物です。人と同じように病気にもなりますし、年をとると老犬となり、脚《あし》や腰《こし》が弱くなり、やがて歩けなくなります。

北海道盲導犬協会《もうどうけん》は、盲導犬《もうどうけん》の育成、訓練を手がけますが、ユーザーが盲導犬《もうどうけん》を使用しはじめてからは、盲導犬《もうどうけん》の健康を定期的に見守ります。

そして、およそ十年過《す》ぎた頃《ころ》からユーザーの歩行が守れているかどうかを確認《かくにん》します。

もしそのときに、盲導犬《もうどうけん》の老化が進んでいて、ユーザーの安全が守れないと判断《はんだん》した場合は、引退《いんたい》を決めます。これも盲導犬《もうどうけん》が命をもつ生きものだからです。

引退《いんたい》したら、協会が引退犬《いんたいけん》の老後に責任《せきにん》をもちます。老後のお世話をするために、できるだけのんびりと過《す》ごせるようにと万全《ばんぜん》の設備《せつび》をととのえています。それが北海道盲導犬《もうどうけん》協会の老犬ホームです。

「こんにちは、老犬ホームにようこそ。
ここは、世界で初めてできた、愛のホームなんだよ。よろしくね」

❄ 老犬ホームができるまで

北海道盲導犬《もうどうけん》協会に老犬ホームが誕生《たんじょう》したのは、協会が発足《ほっそく》してから八年後の一九七八年六月のことでした。

八年後というこの年は、協会にとって、節目となる年でした。

まず、前年の一九七七年、協会で育成した盲導犬《もうどうけん》の初めての死がありました。

チビラブが死んだのです。

チビラブの一周忌《しゅうき》をむかえて、ユーザーのチビラブに対する感謝《かんしゃ》の気持ちと、供養《くよう》をしたいという申し出を受けて、協会敷地《しきち》を入ったすぐ左手に、盲導犬慰霊碑《もうどうけんいれいひ》が建てられました。

ちょうどそのとき、「ミーナの募金箱《ぼきんばこ》」で広く知られる、北海道盲導犬《もうどうけん》協会が育成した盲導犬《もうどうけん》第一号ミーナと第二号ジョナ、そして、同じ時期に盲導犬《もうどうけん》となった犬たちが、仕事を終えて、引退《いんたい》の時期をむかえていました。

協会ではそのすこし前から、ミーナやジョナたちが引退《いんたい》の時期をむかえつつあることを認識《にんしき》していました。

ミーナやジョナたちの引退《いんたい》後のお世話は、訓練をしてきた、なじみの職員《しょくいん》がいる協会で引き受けたいとも考えていました。

ミーナやジョナのユーザーからも、ミーナたちの引退《いんたい》後をどうしたらいいのだろうか、という相談も寄《よ》せられていました。

そこで協会とユーザーと、協会の運営《うんえい》を支《ささ》えている支援者《しえんしゃ》の三者で話し合いを重ねました。

このことは、それまで、一頭でも多くの盲導犬《もうどうけん》を育成することに専念《せんねん》してきた協会が、初めてむかえる事態《じたい》でした。

その頃《ころ》、他の盲導犬協会《もうどうけん》では、役目を終えた盲導犬《もうどうけん》は、ユーザーが引退犬《いんたいけん》のお世話をしてくれる人をさがすというのが、主流の考え方でした。

しかし、協会では、ミーナとジョナのこれからの老後を、ユーザーまかせにすることはできないと考えました。

第一に、ミーナとジョナは、特別な犬でした。

協会発足《ほっそく》の頃《ころ》の、なにもない、ボランティアの情熱《じょうねつ》だけがあった、貧《まず》しい施設《しせつ》で育てあげた盲導犬《もうどうけん》です。視覚《しかく》に障害《しょうがい》をもつ人の目となり、その歩行を助けるという、協会の熱い期待に十分にこたえてくれた犬たちでした。愛情《あいじょう》もあれば、深い感謝《かんしゃ》もあり、いうなれば、ともにいちばん苦しいときを戦ってくれた犬たちでした。

さらに、この問題を視覚《しかく》に障害《しょうがい》をもつユーザーにまかせることはできない、とも考えました。

それは、ユーザーの心の重い負担《ふたん》になるからです。老犬のお世話をしてくれる人をさがすのは、そう簡単《かんたん》なことではありません。

さらに、ユーザーの立場に立てば、愛着のある、かわいい盲導犬《もうどうけん》を、年をとったからという理由で手放すことに、とまどいや深い悲しみをもつのは、あたりまえのことです。

十年という長い年月、毎日自分の目となり、歩行の安全を守り、自由にどこへでもいきたい場所に連れていってくれた、かけがえのない盲導犬《もうどうけん》です。自分の体の一部となっている、盲導犬《もうどうけん》との別れがつらくないはずはありません。できるならば、別れたくないとユーザーは考えます。

しかし、そういうわけにはいかないのが現実《げんじつ》なのです。盲導犬《もうどうけん》との別れは、「第二の失明」といわれています。

視覚《しかく》に障害《しょうがい》をもつユーザーは、一頭目が引退《いんたい》したら、すぐにも二頭目を必要とします。そうでないと、ユーザーは、これまでのように一頭目の盲導犬《もうどうけん》が与《あた》えてくれた自由と安全を継続《けいぞく》することができないからです。

もし、別れがつらいからといって、年老いた犬を手元に置いて、あたらしくきた二頭目の盲導犬《もうどうけん》と歩く生活をはじめれば、年老いた犬は混乱《こんらん》します。

いままでは、自分がご主人を守り、支《ささ》えてきたのに、ご主人は自分を置いて、あたらしい盲導犬《もうどうけん》とでかけていく。

〈これはどういうことだろう？　どうして自分を連れていかないで、置いてきぼりにするのだろう？〉

ご主人といっしょに行動することをよろこびと感じてきた盲導犬《もうどうけん》は、そのように思います。なぜなら、そのように訓練によって学んできたのですから。

そして、そのことは盲導犬《もうどうけん》にとって、とてもつらいことです。

そのことから精神《せいしん》に異常《いじょう》をきたしてくる盲導犬《もうどうけん》もいます。

また、それまでのような規則《きそく》正しい生活が変化したことによって、体調をくずしたり、病気になる犬もいます。

視覚《しかく》に障害《しょうがい》のあるユーザーと引退《いんたい》した老犬が、両方ともに幸せになるためには、どうしたらいいのだろう？

北海道盲導犬協会《もうどうけん》とユーザー、そして支援者《しえんしゃ》が話し合って、考えだした結論《けつろん》は、協会の盲導犬育成施設《もうどうけんしせつ》に、あたらしく併設《へいせつ》する形で、老犬のための老犬ホームをつくろう、ということでした。

協会に老犬ホームを設置《せっち》することを決めると、それまであいまいだった、盲導犬《もうどうけん》はだれのものか、という問題にもはっきりとした答えがでてきました。

その問題が起こるようになった背景《はいけい》には、盲導犬《もうどうけん》の無償貸与制度《むしょうたいよせいど》があります。

そのことを簡単《かんたん》に説明しましょう。

北海道盲導犬協会《もうどうけん》は、発足《ほっそく》当初から善意《ぜんい》の寄附金《きふきん》を頼《たよ》りに盲導犬《もうどうけん》の育成に全力をそそいできました。

そのあと、協会の事業の重要性《じゅうようせい》に札幌市《さっぽろし》と北海道庁《ほっかいどうちょう》が理解《りかい》を示《しめ》し、盲導犬《もうどうけん》育成事業に補助金《ほじょきん》を交附《こうふ》することを決定しました。それは、市民ボランティアの熱心なはたらきかけによるものでした。

それによって、それまで一頭十万円と有料であった盲導犬《もうどうけん》が無償《むしょう》となりました。視《し》覚《かく》に障害《しょうがい》をもつ人は、希望すれば無償《むしょう》で盲導犬《もうどうけん》を使用できるようになったのです。

それは、大きなよろこびでした。しかし、その頃《ころ》、盲導犬《もうどうけん》の引退《いんたい》後の生活について考える人はいませんでした。また、盲導犬《もうどうけん》を引退《いんたい》する盲導犬《もうどうけん》もいなかったのです。

そのあと、ミーナやジョナたちが老犬となり、盲導犬《もうどうけん》を引退《いんたい》してくる時期をむかえてみると、あらためて、協会の事業目的に立ちかえる必要がでてきました。

協会とユーザーと支援者《しえんしゃ》たちが話し合ったのは、そのことでした。ミーナやジョナが協会にとって特別な犬だったことは別にしても、これから引退《いんたい》をむかえる犬たちのことを、考えなければならなくなったからでした。

協会が育成した盲導犬《もうどうけん》は、視覚《しかく》に障害《しょうがい》をもつ人たちの社会参加をうながすためのものであること。引退《いんたい》した盲導犬《もうどうけん》の老後の生活の世話を、ユーザーに負わせることはできないこと。当然、その責任《せきにん》は協会が負わなければなりません。

そのように考えてみると、協会の責任《せきにん》は、よりはっきりしてきました。

もともと協会は、子犬の誕生《たんじょう》から育成、実働期間中の定期的な歩行チェックや健康診断《しんだん》まで、生まれてからずっと盲導犬《もうどうけん》にかかわっています。

その流れで、引退《いんたい》後の老後の生活から看《み》とりまでの責任《せきにん》を協会がもつということを決めると、協会が盲導犬《もうどうけん》の一生に責任《せきにん》をもつということが、いよいよはっきりと見えてきました。

盲導犬《もうどうけん》は、人が犬の犬生《けんせい》（犬の一生）を決めるという宿命をもちます。そうだとすれば盲導犬《もうどうけん》の犬生《けんせい》に人が責任《せきにん》をもつのは、当然のことです。そして、協会に老犬ホームを設置《せっち》することも当然のことでした。老犬ホームが老犬たちのためだけのものではなく、視覚《しかく》に障害《しょうがい》をもつ人の安心を支《ささ》えるものでもあるとすれば、なおさらのことでした。

こうして、協会に老犬ホームを設置《せっち》することによって、それまでのあいまいだった盲導犬《もうどうけん》に対する責任《せきにん》と約束事がひとつ、ひとつ完成していったのです。老犬ホームをつくることによって、盲導犬《もうどうけん》の命の全体の形が見えてきたともいえるでしょう。どのような老後の生活と看《み》とりをすれば、盲導犬《もうどうけん》も人も幸せになれるのかがはっきりとわかれば、それは、どのように生きると盲導犬《もうどうけん》も人も幸せに生きられるのかということと同じことになるはずです。

これは、私《わたし》たち、人の一生にもいえることではないでしょうか。ひとり、ひとりがかかえる問題は、だれもが、いずれはかかえる、みんなの共通の問題なのだと思います。

これはミーナとジョナが教えてくれたともいえることで、北海道盲導犬《もうどうけん》協会のやすらぎの老犬ホームは、ミーナとジョナから生まれてきたといえるでしょう。

❄ 老犬ホームから広がる世界

北海道盲導犬《もうどうけん》協会の老犬ホームは、世界でもここ札幌《さっぽろ》だけにつくられた、世界で初めての盲導犬《もうどうけん》と視覚《しかく》に障害《しょうがい》をもつ人のための安心とやすらぎの施設《しせつ》です。

私《わたし》は、老犬ホームができてから十年後の、一九八八年から老犬ホームで老犬のお世話をする仕事につきました。

そのあと、私《わたし》が老犬ホームで十五年はたらいたとき、それまでの老犬ホームは、あたらしい老犬ホームに建てかえられました。それは旧《きゅう》老犬ホームがつくられてから二十五年後の二〇〇三年、三月のことでした。

あたらしい老犬ホームは、それまでのホームをもっと広く、もっと快適《かいてき》で過《す》ごしやすいようにと改良されました。老犬ホームに入所する老犬が、年々増加《ねんねんぞうか》してきたという事情《じじょう》もあってのことでした。

あたらしい老犬ホームは、段差《だんさ》をなくして、オールバリアフリーとなり、床《ゆか》もカーペット敷《じ》きになりました。

それによって、脚《あし》が弱くなった老犬たちも、歩くのがらくになりました。

段差《だんさ》をのぼれない老犬や寝《ね》たきりの老犬たちも、スロープのおかげで、乳母車《うばぐるま》やソリに乗せて外に運んでやれるようになりました。

屋上にある、ひなたぼっこのための老犬ひろばもこのときに設置《せっち》され、そこまでは、エレベーターを利用できます。

段差《だんさ》を解消《かいしょう》して、スロープを設置《せっち》することは、老犬たちをお世話してきた、それまでの十五年間の経験《けいけん》から、あたらしい老犬ホームをつくるにあたって私《わたし》から提案《ていあん》させていただいたものです。このとき、クーラーの設置《せっち》も提案《ていあん》しました。犬が口と鼻と足裏《うら》でヒフ呼吸《こきゅう》するために、暑さに弱いことからです。

私《わたし》にとっては、この提案《ていあん》が実現《じつげん》したときが、ほんとうの意味での、老犬のお世話の原点になったと思っています。

そして、このあたらしい老犬ホームの完成でどれほど仕事がしやすくなったのかは、はかりしれないほどです。それまで、階段《かいだん》や長い廊下《ろうか》を歩くだけで、老犬たちもお世話する者もへとへとになっていたのですから。いまは、ただ、深い感謝《かんしゃ》です。

老犬たちは、人の何倍もの速さで老いてゆきます。

犬の十二歳《さい》は、人にたとえると六十七歳《さい》くらいです。十三歳《さい》で七十歳《さい》。十四歳《さい》で七十五歳《さい》くらいといわれています。

盲導犬《もうどうけん》は、生まれる前から人の手によって、その犬生《けんせい》（犬の一生）が管理されています。交配、誕生《たんじょう》、子犬から成犬までの成長期、盲導犬《もうどうけん》の訓練期間、そしてユーザーの歩行の安全を守る、およそ十年間の実働期間。

そのすべての年月を、人の役に立つようにと、教えこまれたのが、盲導犬《もうどうけん》です。

ですから、役目を終えた盲導犬《もうどうけん》の老後の生活は、こんどは人が老犬たちのために、感《かん》謝《しゃ》とねぎらいの気持ちをこめて、お世話をするということは、当然のことだと思います。

盲導犬《もうどうけん》が老犬ホームにやってくるまでを簡単《かんたん》にご説明しましょう。

まず、北海道盲導犬《もうどうけん》協会では、視覚《しかく》に障害《しょうがい》をもつ方々《かたがた》に盲導犬《もうどうけん》との歩行や犬の管理方法を学んでいただき、修了後《しゅうりょう》、盲導犬《もうどうけん》を無償《むしょう》で貸与《たいよ》します。

そのあと、およそ十年間の実働期間のあいだ、定期的に盲導犬《もうどうけん》の健康状態《じょうたい》をはじめ、ユーザーの生活の場での訓練の成果を確認《かくにん》します。

これは、協会で訓練した盲導犬《もうどうけん》が、ユーザーの生活に十分に適応《てきおう》できているかどうかを見きわめるためのものです。

というのも、協会で盲導犬《もうどうけん》を訓練するのは、およそ完成の八割《わり》までで、残りの二割《わり》はユーザー自身が、自分の生活に適応《てきおう》するように訓練する必要があるからです。

確認《かくにん》でもっとも重要なのが、盲導犬《もうどうけん》がユーザーの指示《しじ》どおりに歩行を安全に守れているか、という能力《のうりょく》の判定《はんてい》です。

盲導犬《もうどうけん》が十歳《さい》をむかえる頃《ころ》になると、盲導犬《もうどうけん》がユーザーの歩行を安全に守れているかどうかを歩行指導員《しどういん》が見きわめて、引退《いんたい》の時期を考えます。

あと一年は大丈夫《だいじょうぶ》でしょうとか、ずいぶん脚《あし》が弱ってきましたね、そろそろ引退《いんたい》ですよ、六ヵ月後にもう一度、判定《はんてい》しましょう、というふうにです。

ユーザーはその期間に、長年連れそってくれた盲導犬《もうどうけん》との別れの心の準備《じゅんび》をします。

引退《いんたい》の時期は、犬によって違《ちが》いがありますが、およそ十歳《さい》前後です。

もちろん、老化だけではなくて、若《わか》くして病気になったり、事故《じこ》などで障害《しょうがい》をもつことになった盲導犬《もうどうけん》は、協会の老犬ホームに入所して獣医師《じゅういし》から治療《ちりょう》を受けます。そのために老犬ホームはICU等の設備《せつび》をととのえた、犬の病院の機能《きのう》も兼《か》ねそなえています。人がかかる病気はすべて、犬もかかる可能性《かのうせい》があるからです。

引退《いんたい》が決定したら、協会はユーザーの希望を聞いて、引退犬《いんたいけん》の老後をどこで、どのように過《す》ごさせるかを決めます。

それは、老犬の居場所《いばしょ》が協会の老犬ホームのほかにも準備《じゅんび》されていることによるものです。

引退犬《いんたいけん》が健康で、まだまだ元気な場合は、協会に登録いただいている、老犬飼育委《しいくい》託《たく》ボランティアのご家庭にお世話をおねがいします。

あるいは、引退犬《いんたいけん》を子犬時代に飼育《しいく》していただいたパピーウォーカーのご家庭からの希望があれば、そこにおねがいすることになります。パピーウォーカーとは、生後五十日程度《ていど》の子犬を約一年間預《あず》かって、しつけをし、育てる家庭のことです。

これらは、引退犬《いんたいけん》の幸せを第一に考えたことによるもので、盲導犬《もうどうけん》はあたたかい家庭で、いつも人のそばで過《す》ごすことを好むことによる選択《せんたく》です。

老犬飼育《しいく》委託《いたく》ボランティアのご家庭であれ、パピーウォーカーのご家庭であれ、責任《せきにん》をもって決めるのは協会です。引退《いんたい》後の落ちつき先が決まるまでは、健康診断《しんだん》を含《ふく》めて二週間ほどかかります。その前にユーザーから引退犬《いんたいけん》を受けとるのは、老犬担当《たんとう》の私《わたし》の役目になります。

ユーザーの引退犬《いんたいけん》との別れの場面の切実さに直面するときに、私《わたし》にいえる言葉は、いつも、「お預《あず》かりいたします」ということだけです。

どのユーザーも、引退犬《いんたいけん》と別れるときは、それまでの感謝《かんしゃ》の言葉をのべられます。

そして、その言葉は、どんな言葉でも愛情《あいじょう》にあふれた、万感《ばんかん》の思いのこもった言葉です。涙《なみだ》で語りかけられる方がほとんどです。

はじめの頃《ころ》は私《わたし》もついもらい泣きをしていましたが、だんだんに、このつらい別れの場面、そしてそこでかけられる感謝《かんしゃ》とねぎらいの言葉に接《せっ》しているうちに、これほどまでに感動的な美しい場面があるだろうか、と思うようになりました。引退犬《いんたいけん》が言葉を話さないだけに、胸《むね》にこみあげてくるものがあります。

私《わたし》の気持ちはともかくとして、引退犬《いんたいけん》の老後の居場所《いばしょ》が決まり、生活が落ちついたら、ユーザーは、引退犬《いんたいけん》のそのあとの暮《く》らしぶりを協会をとおして聞くことができます。

老犬ホームでは、老犬のお世話を引き受けていただいたご家庭を、年に数回訪問《ほうもん》して、老犬の健康状態《じょうたい》を見守ります。この訪問《ほうもん》も老犬担当《たんとう》の私《わたし》の仕事です。

訪問《ほうもん》では、老犬のお世話について、さまざまな相談を受けます。そんなときに役に立つのは、日々《ひび》の老犬のお世話の経験《けいけん》だけです。日々《ひび》のちょっとした気づきや発見、また、老犬ホームで蓄積《ちくせき》した経験《けいけん》はとても重要になります。

たとえば、できるだけ移動《いどう》しやすく、足もとがすべらないようにカーペットやマットを敷《し》いてやったり、食事も食器をのせる台をつくって食器を高い位置に置いてやると食べやすくなるといったことなどです。

歩行がむずかしくなった老犬には、歩行を補助《ほじょ》する介護服《かいごふく》の使用をすすめます。

老犬が病気になったり、ケガをして飼育《しいく》がむずかしくなったときは、老犬ホームに移《うつ》して、治療《ちりょう》やお世話をします。

引退犬《いんたいけん》はまず老犬ホームに入所して、そのあと、健康状態《じょうたい》や性格《せいかく》によって、生活する場所を選択《せんたく》します。とくに、病気にかかっていたり、持病がある引退犬《いんたいけん》は、老犬ホームに入所して、治療《ちりょう》を受け、スタッフがお世話をします。

そのような引退犬《いんたいけん》が、いつ入所してもいいように、老犬ホームは準備体制《じゅんびたいせい》がととのえられています。病気がちの引退犬《いんたいけん》でも入所して治療《ちりょう》を受けると快復《かいふく》して元気になります。それは治療《ちりょう》の効果《こうか》とともに、規則正《きそくただ》しい生活から活気が生まれるからではないかと思われます。

老犬ホームは、原則《げんそく》二十四時間見守り体制《たいせい》をとっています。

これができるのは、私《わたし》たち職員《しょくいん》とパート職員《しょくいん》が協力して夜間の見守りに対応《たいおう》しているからです。

また、老犬ボランティアの方々《かたがた》のあたたかいご支援《しえん》もあります。

老犬ボランティアのなかには、十年という長い年月、はるばる東京から札幌《さっぽろ》の老犬ホームまで、定期的にかよってくださったご婦人《ふじん》もいらっしゃいました。

この方は、協会にみえると、まずまっさきに盲導犬《もうどうけん》の慰霊碑《いれいひ》「霊犬安眠《れいけんあんみん》」の石碑《せきひ》のお掃除《そうじ》をされます。そのあとで、おまいりをされます。

そのことを、

「ここが基本《きほん》ですからね」

ときっぱりとお話しになります。

私《わたし》は、そのご婦人《ふじん》に十年ものあいだ、老犬たちのお世話を、お手伝いいただきました。お手伝いだけではなく、人生の大切なことを、身をもって教えていただいたと思っています。ただ、深い感謝《かんしゃ》で頭がさがります。

老犬飼育委託《しいくいたく》ボランティアのご家庭でお世話いただく老犬たちは、健康を第一に、規則正《きそくただ》しい生活を送ります。

子犬のかわいらしさとは違《ちが》う、老犬らしいゆったりとした落ちつきとおだやかさが、どのご家庭でもよろこばれています。

パピーウォーカーのご家庭に帰った老犬は、その家の成長した子どもたちにとっては、子ども時代の思い出を共有できることで、かけがえのない絆《きずな》をつくります。

子犬時代のかわいい盛《さか》りを一年間、楽しくにぎやかに過《す》ごして、涙《なみだ》で別れたあの日から、立派《りっぱ》な盲導犬《もうどうけん》になり、十年あまりをはたらきぬいて、再《ふたた》び帰ってきてくれたのですから、ほんとうに心から「ごくろうさま」とむかえていただくのです。

一方、老犬ホームに入所した老犬たちも、スタッフから食事、排泄《はいせつ》、散歩、ブラッシング、おふろといった手厚《てあつ》い世話を受けます。

ときには、プールを利用して、スタッフに支《ささ》えてもらって、水に浮《う》かせてもらうこともあります。

老犬ホームでの生活は、それまでの盲導犬《もうどうけん》としての役目をすっかり忘《わす》れさせて、ごく普通《ふつう》の、本来の犬として、まるまる一日を自由に遊んで過《す》ごせるようにと設備《せつび》がとのえられています。遊び道具のボールや骨《ほね》の形のおもちゃ、ぬいぐるみといったものが置かれているのも、そのためです。

老犬ホームを見学してくださる方々《かたがた》から、

「老犬ホームって、保育園《ほいくえん》みたい」

という感想をしばしばいただくのは、そういった設備《せつび》の印象からでしょう。

そして、老犬たちは散歩がだいすきです。

散歩のときに私《わたし》たちスタッフが心がけているのは、できるだけ自由に歩かせることです。リードはゆるめて、草むらや木の根元の匂《にお》いかぎも気のすむまでたっぷり、楽しめるようにしています。

風の匂《にお》いも、豊平川《とよひらがわ》の流れの岸辺の散歩も、ゆっくりゆっくり歩きながら味わうのです。

十年ものあいだ、ユーザーの歩行の安全を守って歩いてきたのですから、老犬ホームでの散歩の時間は、老犬たちにとって、十年ぶりの自由な時間なのです。
お天気のいい日は、ひなたぼっこを楽しみます。
はしゃいで遊びたい子には遊び相手になります。
土の匂《にお》いも、かぎたいだけかがせます。
それもこれも、犬たちのだいすきなことなのですから。

長いあいだ、ごくろうさま、ありがとう。
これからはゆっくり過《す》ごしてくださいね。
ずっとそばについていますよ。
うんと甘《あま》えてくださいね。

そんな気持ちで、老犬ボランティアさんをはじめ、老犬ホームのスタッフ一同、みんなで老犬たちを見守っています。

マットもタオルケットも支援者《しえんしゃ》の方々《かたがた》からのいただきものです。
おかげでお昼寝《ひるね》も気持ちよくてぐっすりです。
お昼寝《ひるね》の時間も楽しみです。

❄私《わたし》の生い立ち

私《わたし》はこれまでの二十八年間、北海道盲導犬《もうどうけん》協会の老犬ホームで、老犬のお世話をする仕事をしてきました。

そんな私《わたし》が、生い立ちを語るのには勇気がいります。なるべくならば話さないですませたいと思います。みっともないとか、はずかしいという気持ちが先に立ちます。

でも、よく考えてみました。

このたび私《わたし》が老犬ホームで老犬のお世話をしてきたことを本に書こう、と思った、そのことを考えたのです。

本を書くことについては、これまでまわりからすすめられてきた、ということもありますが、私《わたし》にはなかなか踏《ふ》みきれませんでした。

それは、私《わたし》が老犬たちのお世話をしているということを特別なことだとは思っていない、という気持ちが強くあったからです。だれでも、日々《ひび》の仕事に精《せい》をだすのは、あたりまえのことだと思います。私《わたし》の場合は、老犬たちのお世話をすることがその仕事でした。そして、私《わたし》は北海道盲導犬《もうどうけん》協会ではたらいている職員《しょくいん》のひとりにすぎません。

そんな私《わたし》が、先輩諸氏《せんぱいしょし》やいっしょにはたらく人たちをさしおいて、自分の生い立ちや経験《けいけん》を語るのはおこがましいという気持ちがありました。

そう思ってきた私《わたし》が、このたび本を書こうと思うに至《いた》ったのには、三つの理由があります。

一つ目は、これまで協会の活動に理解《りかい》を示《しめ》し、善意《ぜんい》の寄附《きふ》をしてくださった方々《かたがた》、また老犬ホームの老犬たちのためにと、募金《ぼきん》活動に協力してくださった方々《かたがた》への感謝《かんしゃ》の気持ちを伝えたかった、ということです。

二つ目は、動物にかかわる仕事につきたいと考えている人たち、とくに将来《しょうらい》の仕事として考えている子どもたちに、私《わたし》の経験《けいけん》を語ることは、役に立つかもしれないと考えました。

老犬ホームというものが、世界でも初めての試みで、老犬のお世話という仕事も、これまで世界に先がけて協会の老犬ホームのスタッフがはじめた仕事です。

この老犬のお世話という仕事は、ペット社会をむかえた時代が、これから必要とする分野だと思われます。

そして、三つ目は、盲導犬《もうどうけん》についてです。おかげさまで盲導犬《もうどうけん》に関する社会の関心は高まってきましたが、盲導犬《もうどうけん》が果たす、これからの豊《ゆた》かな多様性《たようせい》に満ちた社会づくりという本来の目的に対しては、まだまだ関心が低いように思われます。

そういったことについての私《わたし》の思いを、老犬のお世話という仕事をとおして語れたら、なにかしら意味があるのではないかと考えました。

その思いを支《ささ》えてくれたのは、これまでいっしょにはたらいてきた協会の人たちです。

そして、私《わたし》は家族の支《ささ》えなしにはやってこられなかったと思っています。

ごく平凡《へいぼん》な家族ですが、私《わたし》の生い立ちは、その家族なくしては語れません。私《わたし》のような平凡《へいぼん》な子ども時代を送った者が、平凡《へいぼん》な家族のもとで育ち、あこがれていた動物にかかわる仕事につくまでのいきさつをお伝えします。

私《わたし》は札幌《さっぽろ》生まれの、札幌《さっぽろ》育ちです。

一九六六年、札幌市《さっぽろし》中央区中島公園のそばで生まれて、そこで社会人になるまでを暮《く》らしました。

父は会社員で母は専業主婦《せんぎょうしゅふ》、ふたりの兄がいて、母方の祖父母《そふぼ》との二世帯同居《どうきょ》でした。私《わたし》が十歳《さい》のときに祖父《そふ》が亡《な》くなり、それ以来、祖母《そぼ》を含《ふく》めた六人家族のなかで成長しました。

私《わたし》にとって、札幌市《さっぽろし》の中島公園は生まれ育った街になりますが、私《わたし》が三歳《さい》のときから五年間だけ、父の転勤《てんきん》でさいたま市と千葉市に家族とともに転居《てんきょ》しました。さいたま市と千葉市にも、思い出が残っています。小学校入学は千葉市立新宿小学校で、四年生のときに、再《ふたた》び札幌市《さっぽろし》の中島公園のそばの家に帰ってきました。子ども心に、なつかしい街にもどってきて、うれしかったのをおぼえています。

それ以来、短大を卒業してトリマーの専門《せんもん》学校に入学し、学業をつづけながら、北海道盲導犬協会《もうどうけんきょうかい》ではたらく数年間までを、中島公園のそばの家で暮《く》らしました。

私《わたし》が子どもだった頃《ころ》の中島公園のあたりは、いまとは違《ちが》って、静かな住宅地《じゅうたくち》でした。家の前のバス通りをはさんで目の前が中島公園でした。

家の裏手《うらて》には、豊平川《とよひらがわ》が流れていて、その河川敷《かせんしき》には、広い自動車教習所がありました。

子どもの頃《ころ》の遊び場所は、もっぱら中島公園でした。学校から帰ってくると、ランドセルをぽーんと家に投げこんで、中島公園に駈《か》けてゆき、日暮《ひぐ》れまで遊んだものです。

中学時代の三年間は、中島公園を通り抜《ぬ》けてかよいましたから、中島公園は、私《わたし》にとっては、庭ともよべる場所です。

その頃《ころ》の中島公園は、知る人ぞ知る有名な野球場があり、遊園地もありました。試合のある日は、野球場にたくさんの観客がやってきてにぎわいましたし、休日には親子連れが遊園地にやってきました。

野球場はシーズンオフの冬になると、スケート場に変わりました。私《わたし》は毎日のように、なかよしの友だちとさそいあって、スケートにあけくれました。冬というと、スケートのことしか思いださないくらいです。

もちろん、冬以外の春から秋にかけての遊び場も中島公園でしたから、私《わたし》は中島公園で育ったともいえます。

父も母も生きものを飼《か》うのは、すきでした。街なかで暮《く》らしていたので、犬や猫《ねこ》は飼《か》えませんでした。そのかわりに、父は、私《わたし》たちがお祭りの金魚すくいですくいあげた金魚を、水槽《すいそう》に放して以来、いまも飼《か》っています。すくいあげたのは一匹《ぴき》だけでしたが、その金魚はいまではびっくりするほど大きくなり、友人たちにフナだ、コイだとおどろかれています。

母はセキセイインコを飼《か》っていました。

家の近所に、卸《おろ》しの小鳥屋さんがあって、そのお店の人からインコの飼《か》い方を教えて

もらって以来、私《わたし》の家には、代々《だいだい》の青色や黄色のセキセイインコがつがいで住みついてい
て、今日に至《いた》るまで、家のなかにインコのさえずりがひびかない日は一日もありません。

家にセキセイインコがいたからかどうか、私《わたし》は子どもの頃《ころ》から、なぜか、しばしば道路で小鳥を拾いました。別に道路に小鳥が落ちていないかとさがすくせがあるわけでもないのに、ほんとうによく拾うのです。

どれもこれも、名前も知らない迷《まよ》い鳥やケガをして動けなくなっている小鳥です。

大人になって、車の運転をするようになると、運転席から、道路上で動けなくなってうずくまっているのを見つけてしまいます。自分でも、ふしぎに思うくらいです。

小鳥を拾うときまって、母のところに駈《か》けていきました。

母はそのたびにあきれて、

「また拾ったのかい、まったくよく小鳥を拾ってくる子だね。ケイコの前世は犬かもしれないね」

といったものです。

そして、母はそのたびに手当をしてやり、元気になると、空にむけて放しました。私《わたし》は母の上手な手当に、いつも感心したものです。毎日セキセイインコの世話をしているから、小鳥のことがよくわかるのかもしれません。

こんなふうな私《わたし》たち家族が暮《く》らした中島公園の街を、兄たちは、「ひょっこりひょうたん島」とよんでいました。

ひょっこりひょうたん島というのは、池のある中島公園のことでした。兄たちが小さかった頃《ころ》、NHKテレビの人形劇《にんぎょうげき》、「ひょっこりひょうたん島」が人気でした。

そのせいで兄たちは、ときどき、

「おれたちは、ひょっこりひょうたん島の住民だよな」

といいあっては、探険《たんけん》ごっこや冒険《ぼうけん》のできる田舎《いなか》の暮《く》らしをうらやましがったものです。

そのひょっこりひょうたん島だった中島公園のまわりが、やがて現在《げんざい》見るようなビルの街に変わってゆくとは、その頃《ころ》は夢《ゆめ》にも思いませんでした。

しかし、現実《げんじつ》には、戦後の高度経済《けいざい》成長期を過《す》ぎて、一九八〇年代になると、私《わたし》たち家族が暮《く》らしていた静かな住宅街《じゅうたくがい》にも、ビルやマンションが建ち並《なら》ぶようになりました。

祖母《そぼ》と父と母は、話し合って、もっと静かな、暮《く》らしやすい街に転居《てんきょ》することを決めました。ちょうど私《わたし》が、北海道盲導犬《もうどうけん》協会ではたらきはじめた頃《ころ》のことです。兄たちは大学を卒業して、就職《しゅうしょく》し、すでに家をでていましたから、ちょうどいい時期と判断《はんだん》したのでしょう。

長く暮《く》らしてなじんだ土地と、おじいちゃんが建てた、愛着のある家を離《はな》れるのは心残りでしたが、まわりを高いビルにとりかこまれるようになると、陽《ひ》あたりも悪くなり、騒音《そうおん》もひどくなったのです。

私《わたし》たちの、古いけれど、しっかり丈夫《じょうぶ》に建てられた家は、まわりをビルでとりかこまれて、アメリカの名作絵本『ちいさいおうち』のストーリーと同じ運命をたどることになったのです。

『ちいさいおうち』のストーリーは、のどかな田舎《いなか》がだんだん町になり、ビルの街に変わって、ちいさいおうちは、ビルのあいだで小さくちぢこまってしまいます。それを偶然《ぐうぜん》、ちいさいおうちの持主の孫の孫の孫にあたる人が発見して、再《ふたた》び、りんごの木のある、野原の村に引っこしをさせるというものです。

私《わたし》たち家族の場合は、ビルの街に変わった土地と家を売り払《はら》って、ひょっこりひょうたん島とよんだ中島公園のそばから、札幌市《さっぽろし》の西にある、深い森のそばの豊平区《とよひらく》の住宅地《じゅうたくち》に家を建てて転居《てんきょ》しました。

森はミズナラやイタヤカエデの原生林です。

水源地《すいげんち》でもある、青い大きな沼《ぬま》をかかえていて、スゲが繁《しげ》る湿原《しつげん》には、ほそい木道《もくどう》がまがりくねってつづいています。森のそばには、気持ちのいいキャンプ場もあります。あたらしい住宅地《じゅうたくち》に落ちついてから、父と母は連れだって森の木道《もくどう》まで散歩にでかけるようになりました。

その静かな森のそばに移《うつ》り住んで、すでに三十年近くになります。

その年月のあいだには、私《わたし》の家にも迷《まよ》い子犬が訪《おとず》れ、以来十六年をともに暮《く》らして天国へ旅立つということもありましたし、そのことでペットロスにおちいった父と母が北海道盲導犬協会《もうどうけん》の老犬飼育委託《しいくいたく》ボランティアをつとめるということもありました。

兄たちもまた、それぞれの希望の道——研究や芸術《げいじゅつ》活動の仕事——に進み、結婚《けっこん》をして、いまでは子どもたちの良き父親です。

そして私《わたし》は、北海道盲導犬協会《もうどうけん》の老犬ホームで老犬たちのお世話をする仕事を、この家からかよってつづけています。父も母も、私《わたし》の結婚《けっこん》を望んでいたに違《ちが》いありませんが、幸か不幸か、私《わたし》は老犬ホームの老犬たちにかこまれて、無我夢中《むがむちゅう》で過《す》ごしてきて、いまもその日々《ひび》のなかにいます。

父は、ここで無事に会社員人生を終え、定年をむかえました。いま、老後のおだやかな日々《ひび》を庭仕事などしながら楽しんでいます。

祖母《そぼ》もまた、この森のそばの家をよろこび、満ち足りて天国に旅立ちました。

いつでしたか、ひさしぶりに家族みんなが揃《そろ》ったとき、だれからともなくいいだして、中島公園の元の家があったところにいったことがあります。

父と母を先頭にふたりの兄が、ここらへんだとさがしまわったのですが、ここらへんもそこらへんもビルだらけで、もちろん私《わたし》たちが住んだ家は、影《かげ》も形も、家の跡《あと》すらありませんでした。そんな奇妙《きみょう》な風景を見るのは、ふしぎな気がしました。しっかり丈夫《じょうぶ》につくられた家がたしかに、そこにあったというのに、いまでは、私《わたし》たち家族の思い出のなかにしかないのですから。同じ思い出をもっているのが、家族というものかもしれません。

私《わたし》は生まれてから今に至《いた》るまで、このような家族に守られて暮《く》らしてきました。

私《わたし》が北海道盲導犬《もうどうけん》協会のドアをたたき、老犬ホームで老犬たちのお世話をする仕事をはじめたときも、やはり家族が静かに見守ってくれたのです。そして、協会の老犬ホームの仕事についてからの二十八年間には、老犬たちがつづいて亡《な》くなるというときもあり、そのときは、自分に手落ちがあったのではと、深く落ちこむときもありました。そんなときも、父と母はなにも聞かずに、そっとしておいてくれました。それを、しみじみありがたかったと思います。

左から母、長男雅久、次男徹、私（3歳《さい》）、父

❄ 森の小さい牧場《ぼくじょう》

町育ちの私《わたし》にも、田舎《いなか》の思い出があります。

私《わたし》の父方の祖父母《そふぼ》が、札幌《さっぽろ》からは遠く離《はな》れた森のそばで小さい牧場《ぼくじょう》を営《いとな》み、乳牛《にゅうぎゅう》を飼《か》っていました。

その小さい牧場《ぼくじょう》は、いまでは思い出のなかにしか残っていませんが、私《わたし》にとっては、かけがえのない、自然にあふれた田舎《いなか》の思い出です。

私《わたし》たち家族は、夏休みになると、家族揃《そろ》って、おじいちゃんとおばあちゃんの小さい牧場《ぼくじょう》を訪《たず》ねました。

小さい牧場《ぼくじょう》の裏手《うらて》は、深い森になっていて、森の奥《おく》には、きれいな水がこんこんと湧《わ》く泉《いずみ》がありました。

泉《いずみ》の水は、おじいちゃんの家の台所の水道にも引かれていましたし、さらに牧場《ぼくじょう》のそばのスイレンの咲《さ》く池を満たし、そこから草地を縫《ぬ》ってまがりくねって流れくだっていました。

泉《いずみ》から流れてくる水は、夏でもつめたくて、コップの表面が白くくもるほど、ひんやりしていました。

母は、この家にくると、まず泉《いずみ》の水でのどをうるおし、満足した顔でにこっと笑い、

「札幌《さっぽろ》では飲めないおいしい水だね」

といいました。

赤いとんがり屋根のサイロや牛舎《ぎゅうしゃ》があって、そのむこうには、牧草の、チモシーやオーチャード、そして白やピンクの花がむれ咲《さ》く、クローバーの草山の丘《おか》がありました。

チモシーもオーチャードも、おじいちゃんが教えてくれました。

白と黒のブチもようの乳牛《にゅうぎゅう》たちは、草山の丘《おか》のあちらこちらに放牧されていました。

私《わたし》は、駈《か》けだしてゆく兄たちのあとを追いかけて、クローバーの花がむれ咲《さ》く草山に登り、そこでごろごろころがって遊びました。

麦わら帽子《ぼうし》がくしゃくしゃになるくらい、楽しくて、楽しくて、ひとりで叫《さけ》んで、はしゃぎまわりました。

夏の青空はどこまでも、どこまでも丘《おか》の連なりの上にひろがって、そこにむくむくと入道雲が湧《わ》きあがっています。その入道雲までも、ここでは、まっ白く光っています。

おじいちゃんとおばあちゃんが飼《か》っているという雑種《ざっしゅ》の犬たちも、十五、六頭ぐらいはいたのでしょうか。

犬たちは、駈《か》けまわる私《わたし》のあとをよろこんでついてきました。

おじいちゃんは、笑って、

「よその家の犬もきてるんだよ」

といいましたが、そのよその家はどこにあるのでしょう。

ここは、札幌《さっぽろ》の中島公園とは違《ちが》って、もちろんビルもありませんし、めったに車もとおりません。どこまでも、丘《おか》の連なりがつづき、森が点在《てんざい》するだけです。

兄たちは、牛舎《ぎゅうしゃ》を見まわったあと、森へ探険《たんけん》にでかけました。

いつも、ここへくると、おじいちゃんについて、森の木を見にいくのです。

カツラ、ヤチダモ、シナノキ、エゾマツ、ミズナラと、おじいちゃんから習ってお
ぼえました。

上の兄が進学して、札幌《さっぽろ》の大学で山岳部《さんがくぶ》に入り、山登りをはじめたのも、下の兄が東京の大学で工芸を学び、木工芸作家の道に進むようになったのも、たぶん、この小さい牧場《ぼくじょう》での森の経験《けいけん》が大きいと思います。

私《わたし》は、子牛たちに牛乳《ぎゅうにゅう》をやる仕事がだいすきでした。

子牛たちは、子牛専用《せんよう》の牛舎《ぎゅうしゃ》に一頭ずつ入っていて、私《わたし》が牛乳《ぎゅうにゅう》を与《あた》えるのを首をのばして待っていました。

牛乳《ぎゅうにゅう》は、子牛用のゴムの乳首《ちくび》がついたバケツで与《あた》えるのです。バケツの側面にゴムの乳首《ちくび》がついているのも、ここでしか見られません。

子牛のピンク色のやわらかい口にひとさし指をさしだすと、子牛は、私《わたし》のひとさし指を舌《した》でくるみ、ちゅうちゅうと吸《す》いました。そのくすぐったいことといったらありません。

牧場《ぼくじょう》では、もちろん、牛乳《ぎゅうにゅう》はしぼりたてです。

おじいちゃんが、夜明けにバケツ一杯《いっぱい》しぼってきてくれるのを、ねむい目をこすりながら、息もつかずに、ゴクゴク飲みます。ほんのり甘《あま》くて、こっくりした牛乳《ぎゅうにゅう》です。

「まだあったかいだろ？　しぼりたての牛乳《ぎゅうにゅう》は牛の体温と同じなんだよ」

おじいちゃんがいいます。

兄たちは、おかわりをして、何杯《なんばい》も飲みました。

おばあちゃんは、牛乳《ぎゅうにゅう》で、牛乳《ぎゅうにゅう》どうふをつくってくれました。

その牛乳《ぎゅうにゅう》どうふの上に、池のまわりでつんだ、グーズベリーやスグリのジャムをのせて、それがおやつでした。ハスカップの、濃《こ》い紫色《むらさきいろ》のジャムもあって、それは母の大のお気に入りでした。

この森の牧場《ぼくじょう》では、母は私《わたし》たち三兄妹《きょうだい》を引き連れて、小川で小魚のカジカをすくったり、網《あみ》でトンボをとったりしました。

アカゲラがいる森では、ウバユリの花やヤマニンジンのレースのような花をつんで、花のすきなおばあちゃんに大きな花束をつくりました。

トリカブトの紫《むらさき》の花も小川のほとりにありましたが、毒があるということで、眺《なが》めるだけでしたが、それは信じられないほど美しい花でした。

丘《おか》のあちらこちらには、ハハコグサの白い花やピンクのヤナギランがむれ咲《さ》いて、夏の風にゆれていました。

おじいちゃんが、昔むかし、植林したというカラマツの森は、草山の丘《おか》のむこうに青くかすんでいました。

夜になると、ストーブのそばで父が、昔むかしのお話をしてくれました。

そのお話がはじまると、兄たちはどんな遊びをしていても、ぱっとやめて耳をすましました。

——父が子どもだった頃《ころ》のことです。生まれたばかりの子ブタがかわいくて、こっそりおふとんにしのばせて抱《だ》いて寝《ね》たのだそうです。

そのうちに子ブタはお乳《ちち》をさがして、父のわきの下をちゅうちゅう吸《す》いだし、それがくすぐったくて、くすぐったくて、げらげら笑いだしたら、おばあちゃんに見つかっておこられた、という話にみんなで笑いころげました。

それから、雪の日に馬に乗って、町へ買物にいき、帰りに日が暮《く》れて、大吹雪《おおふぶき》になり、道がわからなくなって、立往生《たちおうじょう》したそうです。途方《とほう》にくれていたら、馬が父を乗せて家まで無事に連れて帰ってくれたといいます。

その大吹雪《おおふぶき》のなかに、ぽっと家のあかりが見えたときのうれしかったこと！

それはおばあちゃんが、父の帰りを心配して、遠くからでも見えるようにと、窓辺《まどべ》にランプのあかりをともしてくれていたからという、そんなはるかな、遠い昔むかしのお話は、この深い森のそばの、ほとほと燃《も》えるストーブのそばで聞くと、胸《むね》にせまって、引きこまれました。夜の森では、フクロウが、ホウー、ホウーと鳴いていました。その声が聞こえるときだけは、お話は中止して、みんなで耳をすましました。

そして、ここでは、夏でもストーブの火は一日じゅう、消えることはありませんでした。

それから、おじいちゃんがもっと昔のお話をし、おばあちゃんが、また別のお話をしました。そのお話のなかには、電気のあかりがともる前の、ランプの暮《く》らしのお話もありました。

ランプのほやのスス掃除《そうじ》は、小さい手をもつ、子どもの仕事だったそうで、子どもの小さい手は、ランプのほやのなかに簡単《かんたん》に入ったからだそうです。

どのお話も、ふしぎに満ちた、森の暮《く》らしのお話でした。

そして、クロという名前の大きい黒い犬も、ストーブのそばにまるくなっていました。

ダンプという名前のカギ尾《お》のかわいい三毛猫《みけねこ》もいました。

おばあちゃんは、ダンプの頭をなぜながら、なにごとか、話しかけていました。

私《わたし》が、自然のなかで、動物の世話をする仕事をしたいと思うようになったのは、おじいちゃんとおばあちゃんの家で遊んだことも影響《えいきょう》していると思います。

小学生のときの作文に、私《わたし》は大きくなったら、動物の世話をする仕事をしたいと書いています。

でもその頃《ころ》の私《わたし》は、動物の世話をする仕事をしたいと思っても、どんな仕事があるのかは、おじいちゃんの乳牛《にゅうぎゅう》の世話のほかは、まったく知りませんでした。

それに、自分が大きくなったときのことを想像《そうぞう》することもなく、夏の牧場《ぼくじょう》の草山の丘《おか》を、思いのたけ駈《か》けまわって遊んでいただけなのです。

今、あの日々《ひび》が、かけがえのない思い出として残っています。

あの日々《ひび》があって、今があるのだと思います。

❄ 私《わたし》、犬の飼育《しいく》の仕事がしたい

私《わたし》が犬の飼育《しいく》の仕事がしたいと、はっきり思うようになったのは、テレビのドキュメンタリー番組で、北海道盲導犬《もうどうけん》協会の盲導犬《もうどうけん》の訓練の様子を観《み》たときからです。それがいつの頃《ころ》だったのか、もうすっかり忘《わす》れてしまいましたが、家族揃《そろ》って観《み》たその夜のことは、いまでもはっきりとおぼえています。

その番組で、私《わたし》は生まれて初めて、盲導犬《もうどうけん》というものを知ったのです。世のなかに、こんな仕事があるんだ！　と思いました。訓練士さんが教えたことを、犬がきちんとおぼえるのにも、すっかり感心しました。

盲導犬《もうどうけん》が、ラブラドール・レトリバー種だということも、盲導犬《もうどうけん》が仕事をしているときは、白いハーネスをつけるということも初めて知りました。ハーネスという、やさしいひびきの名前もそのときにおぼえました。ハーネスが犬の胴輪《どうわ》だということもです。白いハーネスをつけた盲導犬《もうどうけん》は、黒いアイマスクをつけた訓練士さんの歩行にぴったりと寄《よ》りそい、道路の段差《だんさ》のところにくるとぴたりと止まって、その段差《だんさ》に注意をするように、訓練士さんに教えました。

もちろん、信号のある横断《おうだん》歩道の手前でも止まって待ち、信号が青に変わると、さっと歩きだしました。まわりの人に気をとられることもありません。人が道路を歩くように、犬もあたりまえのように人の流れにのって歩いてゆきました。

私《わたし》はもう、ふしぎでふしぎでたまりませんでした。

「なんで？　なんで犬に段差《だんさ》があぶないことや、信号の色がわかるのかな」

私《わたし》は、テレビに身を乗りだしてさわぎました。

すると父はうなずいて、

「犬は、人が教えるとちゃんとおぼえるんだよ。犬はなかなかかしこいものだよ」

といいました。

母は、にこっと笑って、

「盲導犬《もうどうけん》って、めんこいね」

といいました。

テレビの画面のなかで、訓練士さんが、「よし！　よし！」といって、犬の首すじをぴたぴたなぜてほめると、犬は訓練士さんを見あげて、太い尾《お》をぱたぱた振《ふ》り、全身でよろこびをあらわしました。口をあけて、笑ったような、その顔のかわいかったことは、目に焼きついています。

犬にしては、大きくてまるい頭とたれた耳、ちょっと甘《あま》えたような、黒くぬれたまるい目、そして左右に振《ふ》る太い尾《お》っぽ、すべすべとなめらかそうなクリーム色の毛――私《わたし》は、ただ、ただ、うっとりとテレビの画面に観《み》とれました。

兄たちは寝《ね》っころがって、

「いいね、おれもこんな犬がほしいいな」

「おれだってほしいよ。おれだけになつく犬なんだぜ」

といいあって、こづきっこしました。

祖母《そぼ》が真面目《まじめ》な顔をして、

「まあね、犬はいいいね。さわぎやの男の子がふたりいるよりはさ」

とまぜかえしました。

その夜の盲導犬《もうどうけん》のことは、それからもずっと私《わたし》の頭のなかにありました。

でも、私《わたし》はまだ子どもでした。どうしたら盲導犬《もうどうけん》の仕事ができるのかということまでは、考えることもなく、この世界に盲導犬《もうどうけん》というものがいる、ということを知っただけでした。

でも、動物にかかわる仕事がしたいという思いは、小学生の頃《ころ》からずっと持ちつづけていましたから、高校から短大に進んで卒業をむかえたとき、迷《まよ》わず、犬の勉強をしてみようと考えて、北海道愛犬美容《びよう》学園に入学しました。そして、二年後にトリマーの資格《しかく》と二級愛玩《あいがん》動物飼養《しよう》管理士の資格《しかく》を取得しました。

父と母は、私《わたし》の進路選択《せんたく》については、とくになにもいいませんでした。すきなようにすればいい、というのが父と母の考え方でした。

私《わたし》は、自分で考えて、すきな道に進んだのです。

じつは、私《わたし》は資格《しかく》取得のために入学した専門《せんもん》学校の授業料《じゅぎょうりょう》は、アルバイト料でまかなおうと、かたく心に決めていました。

父は、そこまですることはないよ、親がだすから、といってくれましたが、私《わたし》は自分で選んだ道ですから、どうしても自分ではたらいて授業料《じゅぎょうりょう》を払《はら》う、といいはりました。

兄たちも、学生時代はいろいろなアルバイトをして、必要な参考書を買っていました。だから私《わたし》も、そうしたかったのです。

それに、父に授業料《じゅぎょうりょう》を払《はら》ってもらうようでは、勉強だって身につきません。自分ではたらいて得たお金で学ぶことに意味があるのです。

母は、しぶる父に、

「ケイコがやりたいっていうんだから、すきにやらせたらいいでしょ。もう子どもじゃないんだから」

といってくれました。そのとおりだと思います。

私《わたし》は昼間は専門《せんもん》学校にかよい、夕方から夜の十一時までを、札幌市《さっぽろし》にあるカニ料理店でアルバイトをしました。時給七〇〇円は、当時としては高給でした。

仕事は、お客さんの注文を聞いて、料理をテーブルに運ぶこと。お客さんが帰ったあとのテーブルを片《かた》づけることで、立ちっぱなしの仕事でした。

そのお店は、札幌《さっぽろ》でも有名なお店でしたから、主に観光目当ての団体《だんたい》のお客さんが多くて、目がまわるような忙《いそが》しさでした。

でも私《わたし》は、はりきっていました。

これですきな勉強の授業料《じゅぎょうりょう》が払《はら》えますし、母がいったように、もう子どもではないのです。がんばれば、夢《ゆめ》はかなえられるはずでした。

ところがです。専門《せんもん》学校で学びはじめて、三ヵ月が過《す》ぎた頃《ころ》、私《わたし》は、毎日の授業《じゅぎょう》に疑問《ぎもん》を感じだしたのです。

疑問《ぎもん》というのは、授業《じゅぎょう》を受けてみると、私《わたし》が望んでいるような仕事にはつけそうにないことがわかってきたのです。

「これでいいんだろうか？　ちょっと違《ちが》うんじゃないかな。どうしたらいいんだろう」

私《わたし》は、迷《まよ》いはじめました。

それは、これまでの人生で最大の危機《きき》でした。自分で決めて進んだ道ですから、期待も大きかったのです。それが、足もとから音を立ててくずれだしました。

私《わたし》は途方《とほう》にくれました。

いまさら、やめたいともいえませんでした。

そもそも、入学した北海道愛犬美容学園は、トリマーの専門《せんもん》学校でした。トリマーという技術《ぎじゅつ》は、ペットの犬の美容《びよう》が主な仕事となります。ペットの犬の美容《びよう》という仕事は、私《わたし》が思い描《えが》いていた、動物の世話をする仕事とは、すこし違《ちが》っていました。

それでも、北海道愛犬美容《びよう》学園で学びはじめた頃《ころ》は、腕《うで》に抱《だ》けるぬいぐるみのような、愛くるしい小型犬がかわいくて、ふわふわの毛をなでたり、話しかけてやったり、シャンプーをしてやったり、ツメを切ってやったり、愛らしく毛をカットしてやったりと、クラスメートたちと楽しく学んでいました。ペットの犬も素直《すなお》で、おりこうさんで、とてもかわいいのです。

それでも、やっぱり、私《わたし》にはペットの犬の美容《びよう》ではなくて、犬の健康管理や病気の看病《かんびょう》や手当といった仕事をしたいという気持ちがあって、その気持ちはだんだんにふくらんでゆきました。

そんなわけで、一生つづける仕事として考えると、私《わたし》は、ペットの犬の美容《びよう》という仕事には満足できそうにありませんでした。それよりも、犬の命や気持ちに寄《よ》りそえるような仕事をしたいと、ぼんやりと考えていました。

その気持ちがはっきりとわかったとき、トリマーは、私《わたし》にはむいていない、と思いました。

〈……どうしよう、こまった。どうしたらいいんだろう？　いまさら、父にも母にも

相談できない……〉

私《わたし》は深く落ちこみました。

トリマーの勉強にも身が入りませんし、カニ料理店のアルバイトにも疲労感《ひろうかん》だけを感じるようになりました。

学生時代の友人たちは、すでに仕事につき、安定した収入《しゅうにゅう》を得て、将来《しょうらい》の人生設計《せっけい》を着々《ちゃくちゃく》と描《えが》いています。私《わたし》だけが、立ち止まったまま、落ちこんでいるのです。

そんなふうに、もんもんと苦しみ、悩《なや》みとおして、半年が過《す》ぎた頃《ころ》でしょうか。春に入学した専門《せんもん》学校にも秋の気配がただよっていました。

〈もう秋か……〉

と思った瞬間《しゅんかん》、ふっと、ずっと前に、家族といっしょに観《み》たテレビの盲導犬《もうどうけん》の番組を思いだしたのです。

それは、いま思いかえすと、まさに運命だったと、おおげさでなく思います。

なぜなら、真暗な闇《やみ》にひと筋《すじ》の光が差しこむように、あのかしこくて、かわいいラブラドール・レトリバーの姿《すがた》、人を信じきって、全身でよろこびをあらわす、あの姿《すがた》がありありとよみがえったのです。

思い出のなかの、ラブラドール・レトリバーの、なんというたのもしさ、たくましさ、そしてこれ以上は考えられないという、人に対するやさしさだったでしょう。

私《わたし》は、胸《むね》がぎゅっとしめつけられるような気がしました。

気がつくと、すきな人に会うときのように、うきうきとしていました。

それまでの重く苦しい気持ちが、うそのように消えていました。

〈ああ、やっと見つかった！　私《わたし》、ほんとは、あの子の世話がしたかったんだ！〉

うれしくて、叫《さけ》びだしそうでした。

〈きっと、あの子は、私《わたし》を待っているんだ〉

とも思いました。なんの理由もないのに、そう思ったのです。

そして、あらためて、よくぞ、この苦しいときに、自分でもすっかり忘《わす》れて、思いだすこともなかった、あの日のテレビ放送の盲導犬《もうどうけん》番組を思いだしたものだと思いました。それとも、あの日の番組が私《わたし》のもとにやってきたのでしょうか。それも、そのときの私《わたし》には、信じられることでした。

そして、もしその日、盲導犬《もうどうけん》の番組を思いだすことがなかったら、私《わたし》の人生は、今とはすっかり違《ちが》っていたでしょう。

がむしゃらに前だけを見ていて、壁《かべ》にぶつかり、その壁《かべ》の前で途方《とほう》にくれていたら、さがしていたものが、後ろにあった、とそんな感じです。

ほっと胸《むね》をなでおろし、しみじみと、あの日のテレビ番組に感謝《かんしゃ》をしました。

そのあと、私《わたし》は幸運に恵《めぐ》まれて、盲導犬《もうどうけん》たちに出会い、老犬たちのお世話をするという仕事につくことができました。そして、その仕事をしているということから、こんどは、私《わたし》自身がテレビ放送の番組で紹介《しょうかい》されるという、思いもかけなかったような日々《ひび》をむかえることになるのですが、もちろん、そんな遠い未来のことがそのときにわかるはずがありません。それはもっとずっと、ずっとあとのことになります。

両手にラブラドール。ラブラブな私《わたし》たち。んぐ、くるし、きつく抱《だ》かないでよっ！

❄ 北海道盲導犬協会《もうどうけん》のドアをたたく

ふりかえると、私《わたし》も若《わか》かった、と思います。若《わか》いということは、なんという大きな可能性《かのうせい》を秘《ひ》めていることでしょう。

もう思い悩《なや》まない。やってみるだけ。ともかく動いてみよう。私《わたし》は、つき動かされるように走りだしました。いつもおばあちゃんがいっていたように、思い立ったが吉日《きちじつ》なのです。

私《わたし》は、履歴書《りれきしょ》をさっと書きあげました。

そして次の日の朝、札幌市《さっぽろし》南区にある北海道盲導犬《もうどうけん》協会を訪《たず》ねたのです。

協会の住所を調べたのだから、電話番号もわかっていたはずなのに、電話での問い合わせもしていないのは、問い合わせを思いつきもしなかったからです。

いってみよう、そのひとことにつきました。

どうしたら盲導犬《もうどうけん》の飼育《しいく》をする仕事ができるかなんて、考えてみるまでもありませんでした。盲導犬《もうどうけん》のことは、札幌市《さっぽろし》にある北海道盲導犬《もうどうけん》協会がやっているのですから、そこにいって、仕事はありますか、ときけばいいのです。

しかも、運のいいことに私《わたし》は札幌市《さっぽろし》に住んでいるのです。私《わたし》の家から協会までは、バスに乗ればいいだけです。灯台下暗《とうだいもとくら》しとは、このことでしょう。

〈なんでこんな簡単《かんたん》なことに気がつかなかったんだろう？　まったくどうかしてるよ〉

私《わたし》はわくわくしながらも、その一方で自分のうかつさを反省しました。そして、とび立つ思いでバスに乗り、北海道盲導犬《もうどうけん》協会にむかったのです。かわいくて、かしこいあの子に会える、そういう思いだけでした。

初めて北海道盲導犬《もうどうけん》協会を訪《たず》ねたあの日のことを、私《わたし》は一生忘《わす》れないでしょう。いまでも、昨日のことのように、ありありと思いだすことができます。

あれは十月の初めの頃《ころ》で、バスの窓《まど》から見る札幌《さっぽろ》の街は、ニセアカシアが色づいて、舗道《ほどう》に葉を落としていました。

ナナカマドも、もうまっ赤な実だけになって、ヒヨドリたちがついばんでいました。藻岩山《もいわやま》は紅葉《こうよう》が山すそまで降《お》りてきて、豊平川《とよひらがわ》の流れは、秋の陽《ひ》を浴びてきらめき流れ下っていました。この川に鮭《さけ》がもどってくるのも、もうすぐです。

その頃《ころ》になると、札幌《さっぽろ》の街には雪虫がふわふわととびはじめ、やがてその冬、最初の雪が降《ふ》ります。

その雪の訪《おとず》れるすこし前、札幌《さっぽろ》はまるで春のようなおだやかな日をむかえます。小春日和《こはるびより》とよばれる、そんなおだやかな秋の日に、私《わたし》は北海道盲導犬《もうどうけん》協会を訪《たず》ねたのです。

その頃《ころ》、協会のそばにはグラウンドがありました。現在《げんざい》見るような住宅《じゅうたく》はなく、幹《かん》線《せん》道路が通っているだけの、広々《ひろびろ》とした場所でした。

バスを降《お》りて、緊張《きんちょう》しながら、協会の敷地《しきち》に一歩、足を踏《ふ》み入れると、左手の石碑《せきひ》が目にとびこんできました。

「霊犬安眠《れいけんあんみん》」の四文字が石碑《せきひ》に刻《きざ》まれていました。

はっ！　と胸《むね》をつかれるような思いがして、私《わたし》は思わず石碑《せきひ》に手を合わせました。

その石碑《せきひ》は、協会で亡《な》くなった盲導犬《もうどうけん》たちの墓標《ぼひょう》でした。

当然、やすらかな眠《ねむ》りをいのらなければならないところですが、まだ若《わか》かった私《わたし》は、手を合わせて、

「どうかよろしくおねがいします。かわいくて、かしこい盲導犬《もうどうけん》たちのお世話ができますように」

とおねがいしていました。広い敷地《しきち》に、盲導犬《もうどうけん》たちの姿《すがた》はなく、最初に盲導犬《もうどうけん》たちの墓標《ぼひょう》に出会ったことは、思いかえすと、ふしぎな縁《えん》を感じます。

それから協会のドアをあけて、通りがかった人に用件《ようけん》を伝えました。

待つ間もなく、係の人が対応《たいおう》してくださって、私《わたし》はその人にむかって、せきこむように夢中《むちゅう》でいいました。

「犬にかかわる仕事がしたいのですが、犬の飼育《しいく》の仕事はないでしょうか」

自己紹介《じこしょうかい》もきちんとできたのかどうか、履歴書《りれきしょ》をさしだす手がつめたくなって、背中《せなか》を汗《あせ》が流れました。ものすごく緊張《きんちょう》していたのでしょう。

幸運と不運は半々《はんはん》でした。

「なるほど、トリマーの勉強をしているのならいいかもしれないね。ちょうどいま、協会では老犬の世話係を募集《ぼしゅう》するところだから。あいにく、担当者《たんとうしゃ》が外出中なので、明日もう一度きて、面接《めんせつ》テストを受けてください」

対応《たいおう》してくれた人がいいました。

それでその日は帰ってきました。そして、再《ふたた》び翌日《よくじつ》出直して、担当《たんとう》の人に会い、面《めん》接《せつ》テストを受けました。

その結果、老犬ホームの老犬のお世話を、午前中だけするというパートタイム勤務《きんむ》が決まったのです。

「学校との両立になるね、大丈夫《だいじょうぶ》ですか」

と念を押《お》されたとき、私《わたし》はあとさきのこともまったく考えずに、

「はいっ、大丈夫《だいじょうぶ》です」

と答えていました。なんだか、足もとがふわふわして、夢《ゆめ》を見ているようでした。

ついにやったのです！

これで、夢《ゆめ》に見た、犬のお世話ができるのです。

それも、昔、テレビで観《み》た、かわいくて、かしこい盲導犬《もうどうけん》のお世話です。

テレビの画面のなかで、あの日の盲導犬《もうどうけん》は、口をあけて、笑っているような顔でよろこびをあらわしていましたが、そのときの私《わたし》も、ちょうどそんな顔をして笑っていたのではないかと思います。だって、その日、面接《めんせつ》をしてくれた人がだれであったのかは忘《わす》れましたが、その人は私《わたし》を笑って見送ってくれ、私《わたし》も笑ってあいさつをしてでてきたのは、はっきりとおぼえていますから。

ホップ、ステップ、ジャンプ！　スキップしながら思ったのは、やった！　という思いでした。

面接《めんせつ》が望みどおりにいったのは、二日つづきで盲導犬《もうどうけん》たちの石碑《せきひ》におねがいしたからかもしれません。私《わたし》は帰りぎわ、もういちど、「霊犬安眠《れいけんあんみん》」の石碑《せきひ》に手を合わせて、お礼をいいました。頭のなかは、めちゃくちゃうれしくて、パンクしそうでした。

〈明日から毎日、ここにくるんだ！　トリマーの専門《せんもん》学校は昼の部から夜間の部に変《へん》更《こう》しよう。そして、夜のカニ料理店のアルバイトはやめよう。授業料《じゅぎょうりょう》は、協会のパート料をあてよう〉

そんなことが、頭のなかをぐるぐる駈《か》けめぐっていました。

家に帰りついたとき、私《わたし》の気持ちは、はっきりと決まっていました。

〈協会の仕事も、トリマーの勉強もしっかりやろう〉

というふうにです。

そして、まっ先に母に報告《ほうこく》しました。

母と祖母《そぼ》には、協会に履歴書《りれきしょ》をもっていったことは、だまっていましたから、ふたりともちょっとおどろいて、ぽかんとしていました。でも、私《わたし》の気持ちがわかると、

「そりゃよかった。応援《おうえん》するからがんばりなさい」

といってくれました。

夜おそくに帰ってきた父にも報告《ほうこく》をしました。

父は、うなるようにうなずいただけでした。

こういう大事な話のとき、父はいつもなにもいいません。たいてい、母があとから父の気持ちを話してくれます。私《わたし》もそのほうが気がらくです。ここで、反対だのなんだのいわれてもこまるからです。

母が語ってくれたことによると、

「大丈夫《だいじょうぶ》なのか？　盲導犬《もうどうけん》って大きい犬なんだろ。ケイコの体力でつとまるのかい。よく気をつけてやれよ」

ということでした。

父の言葉が私《わたし》をふるいたたせてくれたことは、たしかでした。

私《わたし》は、自分にいいきかせて、はっぱをかけました。

「大丈夫《だいじょうぶ》！　きっとやれる！」

不安は、まったくありませんでした。

もしあったとしたら、これは私《わたし》ひとりの問題ですから、私《わたし》ひとりで解決《かいけつ》することです。

それに対しても、私《わたし》はかくごを決めていました。なにがあってもめげないぞと。


北海道盲導犬協会《もうどうけん》への出勤《しゅっきん》第一日目、ジャンパーをはおると、協会の人が長ぐつをはいていたのを思いだして、ゴム長ぐつをもっていきました。それでよかったのは、出勤《しゅっきん》第一日目の最初の仕事が、老犬たちの犬舎《けんしゃ》の掃除《そうじ》だったからです。

「おはようございます。辻恵子《つじけいこ》です。よろしくおねがいします」

とあいさつすると、いきなり長いデッキブラシを渡《わた》されました。

「犬舎《けんしゃ》の掃除《そうじ》、たのみます」

係の人は、犬舎《けんしゃ》にいる老犬たちの名前をよんで、外へ連れだしました。

いよいよ、私《わたし》の仕事です。

「掃除《そうじ》がすんだら、犬をもどして、元気な子だけ散歩に連れてって。二十分くらいでいいからね」

「はいっ！」

さっと、ゴム長ぐつにはきかえて、長いデッキブラシを振《ふ》りあげ、犬舎《けんしゃ》の床《ゆか》をゴシゴシこすりだしました。

すると、私《わたし》の胸《むね》にふつふつとよろこびがこみあげてきました。

「これだっ！　これがやりたかった仕事だ！　なんかプロっぽくて、かっこいいな！」

私《わたし》は、バンザイを叫《さけ》びたい気持ちでした。

犬舎《けんしゃ》の匂《にお》いも、汚《よご》れもぜんぜん気になりませんでした。

ゴシゴシこすって、ホースの水でザアザア流すと、きれいになるのです。

私《わたし》は、ずらりと並《なら》んだ犬舎《けんしゃ》をひとつ、ひとつきれいにしていきました。

当然のことですが、協会の人たちはみんな無口で、もくもくとはたらいていました。

それも私《わたし》の気持ちにぴったりでした。

そして、もちろん、ラブラドール・レトリバーの老犬たちのかわいかったことといったらありません。

新入りの私《わたし》を警戒《けいかい》するかと思いましたが、そういうそぶりは、まったくなくて、あたりまえのように、おだやかに受け入れてくれました。

きれいになった犬舎《けんしゃ》にもどしてやると、のっそりと大きな体を寄《よ》せてきて、私《わたし》の手をぺろりとなめてくれました。それから、口をあけて、笑ったような顔で私《わたし》を見あげました。そのかわいさったらありません。自然、私《わたし》も、笑いかえします。

水の食器を洗《あら》って、つめたい水を満たしてさしだすと、おいしそうに飲みます。

そして、それぞれの犬舎《けんしゃ》に静かに入り、横になって落ちつきました。

感動でした！

私《わたし》がやりたかった仕事を、いま、やっているんだという、たしかな実感がありました。

ゴム長ぐつと長いデッキブラシ、そばには、ゆったりとしたラブラドール・レトリバーの老犬たちがいる。

私《わたし》はうれしいのと楽しいのがごっちゃになって、ぼうーっとなってしまいました。

その日出会った老犬たちは、六頭でした。

シロ、ダクト、ローリー、ローリー、クルーク、マミーです。

まだそれぞれの性格《せいかく》はつかめませんでしたが、どの子も元気な老犬たちでした。

ローリーが二頭いて、とまどいました。

犬舎《けんしゃ》の掃除《そうじ》をすませると、老犬たちを一頭ずつ、散歩に連れだします。

リードをもってくると、はたしてどの子も立ちあがって、よろこび、はやくいきたいと、さいそくします。くりくりした黒いまるい目を、さらに大きく見ひらいて、自分が先だとさわぎます。その子たちに、

「よしよし、待て待て。順番だよ」

といいきかせるのも、私《わたし》の仕事です。

そして、連れだし、豊平川沿《とよひらがわぞ》いの道をゆっくりと散歩させて、犬舎《けんしゃ》にもどしてやります。

どの子も、ほんとうに散歩がすきで、草むらや木に近づきたがり、匂《にお》いをかぎました。

この子たちが、いまやっとハーネスをはずして、自由に歩けるのだということを、

私《わたし》が理解《りかい》するのは、もっとずっとあとのことになります。

その日は、私《わたし》自身がラブラドール・レトリバーの老犬たちと散歩をするということだけに夢中《むちゅう》になっていました。

だから、いっしょに豊平川《とよひらがわ》まで歩き、疲《つか》れたらひと休みして、のんびり川の流れを眺《なが》めました。

それは、なんというやすらぎだったでしょう。

人と犬は、もちろん言葉をかわしあうことはできませんが、心と心をかわしあうことはできるのだということを感じたのも、そのときでした。そしてそのとき、犬はたしかに、「ああ、気持ちいいねー」と私《わたし》と同じことを感じていたことは、風の匂《にお》いをかぐそぶりや表情《ひょうじょう》、お陽《ひ》さまのもとにたたずむ姿《すがた》から信じられました。

感じとるとか、信じあうということを、私《わたし》は老犬たちから教えられたような気がします。

散歩からもどると、犬舎《けんしゃ》に入れます。すると老犬たちは、満足そうにゆったりとくつろいで横になります。

そういった一連の作業に、私《わたし》はすっかり心をうばわれました。

ラブラドールって、なんてすばらしいのだろう！　盲導犬《もうどうけん》ってすごいなあ！　従順《じゅうじゅん》で、おだやかで、それでいて、どことなく気品があって、かわいいのです。

くりくりしたまるい目で私《わたし》を見て、ものいいたげに尾《お》をぱたぱた振《ふ》るのも、ときどき、口をあけて笑ったような顔で首をかしげるのも、私《わたし》の感情《かんじょう》をゆさぶって、胸《むね》がきゅん！　となりました。

老犬ホームの詰所《つめしょ》には、寝《ね》たきりの老犬や体調不良の老犬が五頭いました。その子たちは、係の人がつきっきりで世話をしていました。

この老犬ホームが、私《わたし》のこれからの仕事場となるのです。

私《わたし》の心は、「よしっ！」という気持ちでした。「がんばるぞ！」という気持ちも湧《わ》きました。

その日は、掃除《そうじ》と散歩とブラシをかけてやって、午前中の仕事は終わりました。

「ごくろうさん」

という声に送られて、感動の第一日目の仕事が終わりました。
私《わたし》の心は、たっぷりと満ち足りていました。一生、パートタイム勤務《きんむ》でもかまわない、とつづけられる限《かぎ》り、つづけていこう。

思ったのもこの日でした。

それは、老犬たちがかわいかったということもありますが、盲導犬《もうどうけん》を育てるという、協会ではたらく人たちの、職人気質《しょくにんかたぎ》みたいなものにも、心にひびくものがあったからです。盲導犬《もうどうけん》に対する信頼《しんらい》と愛情《あいじょう》があるのはあたりまえとして、言葉を話さない犬たちへむけるまなざしのおだやかさは、私《わたし》が初めて知るものでした。

それだからこそ、私《わたし》にかけられた、「ごくろうさん」のひとことも、胸《むね》にぐっときたのでしょう。

この日から、私《わたし》は、午前中を北海道盲導犬《もうどうけん》協会でパートタイマーとして老犬のお世話をしながら、夜になると、トリマーの資格《しかく》取得の授業《じゅぎょう》にかようという、二足のわらじをはくことになります。

この選択《せんたく》は、まちがっていなかったということが、今、よくわかります。

それは、協会の老犬たちのお世話をすることで、トリマーの技術《ぎじゅつ》を学ぶことにも光が見えてきたからです。

トリマーは、ペットの犬の美容技術《びようぎじゅつ》を学びますが、犬の健康管理や体調の見きわめ方、病気のときの看護《かんご》の方法も学びます。この分野をきわめていけば、動物看護士《かんごし》の仕事にも近いでしょう。

なによりも、老犬たちは、老犬であることで、病気にもなりやすいのです。

そういったことも、やがて老犬ホームで老犬たちのお世話をすることで知ることになります。

協会での午前中だけのパート勤務《きんむ》と、夜間のトリマーの勉強という、昼夜の生活をつづけたこの期間は、体力の面においてもきついものがありました。

それを乗りこえられたのは、私《わたし》の若《わか》さと、母をはじめとする家族の支《ささ》えがあったからだと思います。

そんな日々《ひび》を一年半つづけてきたある日、私《わたし》は思いがけないことに、北海道盲導犬《もうどうけん》協会の正規職員《せいきしょくいん》に採用《さいよう》されるという日をむかえます。それは、一九九〇年、四月のことでした。

同じ年の三月には、専門《せんもん》学校を修了《しゅうりょう》して、公認《こうにん》トリマーの資格《しかく》認定《にんてい》と愛玩《あいがん》動物飼養《しよう》管理士の資格《しかく》を取得しています。それらは、二重、三重のよろこびでした。

動物にかかわる仕事がしたい、犬の飼育《しいく》がしたいとねがった私《わたし》の夢《ゆめ》は、ここでやっと、スタート地点についたことになります。

そして、思いがけないことは、このあともつづきました。

正規職員《せいきしょくいん》に採用《さいよう》された年の冬、私《わたし》は、地域情報誌《ちいきじょうほうし》『ほっかいどう』の取材を受けたのです。

それは、生まれて初めての経験《けいけん》でした。

「北の笑顔《えがお》」とタイトルがつけられたページにカラー写真入りで、北海道盲導犬《もうどうけん》協会の老犬ホームで老犬たちのお世話をする私《わたし》のことが、大きく紹介《しょうかい》されたのです。

記事には、盲導犬《もうどうけん》の訓練所は、日本に八ヵ所あるけれど、盲導犬《もうどうけん》を引退《いんたい》した老犬たちのための老犬ホームがあるのは、札幌市《さっぽろし》の北海道盲導犬《もうどうけん》協会だけ、世界でも唯一《ゆいいつ》、ここだけの施設《しせつ》です、とあり、そのあとにトリマーの資格《しかく》をもち、老犬たちのお世話係をしている、私《わたし》の紹介《しょうかい》がつづいています。

この初めての紹介《しょうかい》記事は、父が大よろこびして切り抜《ぬ》き、ていねいに保存《ほぞん》してくれました。それだけではおさまらなくて、何枚《なんまい》もカラーコピーして、親戚《しんせき》一同に送るという念の入れようでした。

私《わたし》は、はずかしくて、やめてほしかったのですが、この二年あまり、昼夜の二足のわらじの生活を支《ささ》えてくれたことを思えば、よろこんでくれることを、ありがたく思わなくてはなりません。

なによりも母には、お弁当《べんとう》と夜おそい私《わたし》の帰宅《きたく》を待って、晩《ばん》ごはんをととのえてくれたことに対しての深い感謝《かんしゃ》があります。

正規職員《せいきしょくいん》になってからは、月に四、五回の宿直当番があり、その日はお弁当《べんとう》も昼と夜のふたつ、つくってくれました。食べもののすききらいがある私《わたし》を心配して、栄養のバランスにも気をくばってくれました。

それに体調の悪い老犬をかかえていると、帰宅《きたく》が深夜となることもつづき、私《わたし》の体力、健康を気づかってくれたことは、いうまでもありません。

「かあさん、ほんとうにありがとう、とうさんもありがとう」

それは、私《わたし》が心のなかだけでつぶやく言葉です。

生まれて初めての、地域情報誌《ちいきじょうほうし》に紹介《しょうかい》された記事で、これだけのさわぎになった我《わ》が家《や》も、そのあと、テレビの動物番組の老犬ホームシリーズをはじめ、新聞、雑誌《ざっし》、週刊誌《しゅうかんし》、はては、小学生の教科書にまで、「老犬ホームの辻《つじ》さん」と紹介《しょうかい》されるようになるとは、その頃《ころ》、家族のだれひとり、想像《そうぞう》だにしなかったことでした。

それは、老犬ホームでの老犬のお世話という仕事が、社会に注目されてきた、ということにもよりますが、それよりも、北海道盲導犬《もうどうけん》協会が、世界に先がけて、老犬ホームを設置《せっち》したという、そのことに大きな意味があります。

そして、協会の運営《うんえい》は、発足《ほっそく》当初から、北海道全道、さらに日本全国にわたる草の根の善意《ぜんい》の支援《しえん》、街頭募金《ぼきん》活動によって運営《うんえい》されてきました。これこそが、まさに奇《き》跡《せき》ともいえるものだと思います。

そのことのすばらしさ、尊《とうと》さを、私《わたし》は老犬ホームの老犬のお世話という仕事をつづけてゆくなかで、知ることになります。

そしてそのことから、取材やインタビューを受けるということが、けっしてはれがましいことではないということも、わかってきました。

協会が、善意《ぜんい》の支援《しえん》、街頭募金《ぼきん》で運営《うんえい》されているという、貴《とうと》い事実から、協会職員《しょくいん》として、盲導犬《もうどうけん》および老犬たちの老犬ホームの活動を伝えていく、という使命があることにも気づかされるのです。

それは、老犬たちのお世話とは別の、老犬たちと老犬ホームではたらく私《わたし》たちスタッフ、そして、老犬ボランティアさんたちとが心をひとつにして協力してやる、もうひとつの盲導犬《もうどうけん》の普及《ふきゅう》ＰＲ活動という、大切な仕事につながってゆきます。

「あの人、なにしてるの？　写真とってるのよ、私《わたし》たちをよ。
さ、ならんで、ならんで。いいおかお！」

❄ 北の大地に夢《ゆめ》をつむぐ福祉施設《ふくししせつ》

北海道盲導犬《もうどうけん》協会ではたらきはじめてからですが、それまでの私《わたし》が、いかに協会のことをなにも知らなかったのか、ということにたびたび気づかされました。

そのひとつに、北海道盲導犬《もうどうけん》協会が運営《うんえい》している事業内容《ないよう》があります。犬のお世話をする仕事がしたいと、北海道盲導犬《もうどうけん》協会にとびこむまでの私《わたし》は、協会というところは、盲導犬《もうどうけん》の訓練所とばかり思っていました。盲導犬《もうどうけん》協会という名前がついているところから、そう思いこんでいたのです。

でもそれは、まったく違《ちが》っていました。協会は、盲導犬《もうどうけん》の訓練だけをやっているところではなかったのです。

北海道盲導犬協会《もうどうけん》は視覚《しかく》に障害《しょうがい》をもつ人たちの社会参加を手助けする、総合《そうごう》リハビリテーション施設《しせつ》でした。つまり、社会福祉《ふくし》施設《しせつ》だったのです。

そもそも、視覚《しかく》に障害《しょうがい》をもつ人という、そのことについても、私《わたし》は単純《たんじゅん》に、まったく目の見えない全盲《ぜんもう》の人のことだとばかり思っていました。しかし、これも私《わたし》の思い違《ちが》いでした。

現実《げんじつ》には、視覚《しかく》の障害《しょうがい》にもいろいろあって、先天的な、生まれながらに全盲《ぜんもう》の人は、全体の二割程度《わりていど》の少数で、ロービジョンとよばれる弱視《じゃくし》の人や、病気や事故《じこ》で中途《ちゅうと》失明する人のほうがずっと多いということも、協会ではたらきはじめてから知りました。

ほんとうに、知らなかったことばかりではずかしいのですが、協会の事業内容《ないよう》を示《しめ》す、総合《そうごう》リハビリテーション施設《しせつ》の、リハビリテーションという言葉も、思い違《ちが》いをしていました。

リハビリテーションというのは、病気や事故《じこ》で不自由になった体の機能《きのう》を、元の元気だった頃《ころ》のようにリハビリをして回復《かいふく》させることだと思っていました。でも、体の機能回復《きのうかいふく》の訓練というよりは、残されている機能《きのう》を生かして、いかに元の状態《じょうたい》に近づけるか、という訓練なのです。

人の体は、ひとつがだめになっても、まだまだ使っていない機能《きのう》がたくさんあるのだそうです。

たとえば、視覚《しかく》に障害《しょうがい》をもつと、そのかわりに、聴覚《ちょうかく》や触覚《しょっかく》が敏感《びんかん》になって、失った視覚《しかく》をおぎなおうとするのだそうです。

ですから、リハビリテーションとは、そのような、それまで使わなかった体の機能《きのう》を訓練して、補助道具《ほじょどうぐ》を活用し、再調整《さいちょうせい》することでした。つまり、失ったものをとりもどすのではなく、残されたものを最大限《さいだいげん》に生かす、という考え方なのです。

そういったことを知ることで、北海道盲導犬《もうどうけん》協会が、総合《そうごう》リハビリテーション施設《しせつ》のひとつとして、盲導犬《もうどうけん》の訓練をやっている理由が初めてわかったのです。

その盲導犬《もうどうけん》の訓練は、視覚《しかく》に障害《しょうがい》をもつ人が安全に歩行ができ、行動の自由を広げるためのものだということもです。

私《わたし》は、犬のお世話がしたいと考えて、協会のドアをたたき、希望どおりの仕事につきましたが、老犬のお世話という仕事は社会福祉《ふくし》の仕事である、ということも協会ではたらくようになって、初めて知ったのです。

それは、私《わたし》にとっては思いがけないことでした。動物にかかわる仕事がしたい、犬のお世話がしたいと思っていた頃《ころ》は、ただそれだけのことでしたが、私《わたし》がしたかった仕事が、社会福祉《ふくし》の仕事だと知り、社会と結びつき、社会を支《ささ》えているのだということがわかってきたのです。

そのことで手ごたえも感じましたが、びしっと身がひきしまったのもたしかです。

話は変わりますが、盲導犬《もうどうけん》という言葉は、もともとは、盲人誘導犬《もうじんゆうどうけん》とよばれていたそうです。

その盲人誘導犬《もうじんゆうどうけん》は、第一次世界大戦の頃《ころ》、ドイツで育成されました。

戦争によって、目が不自由になった兵隊さんたちのために、歩行を誘導《ゆうどう》する犬を訓練したのがはじまりです。

これは、昔から人のために忠実《ちゅうじつ》にはたらく犬の特徴《とくちょう》を利用したものです。盲人誘導犬《もうじんゆうどうけん》のことは、当時の日本にも伝わり、日本でも戦争で視覚《しかく》に障害《しょうがい》をもつようになった兵隊さんに与《あた》えようと考えた人が、ドイツから盲人誘導犬《もうじんゆうどうけん》を買い入れました。

そのときの盲人誘導犬《もうじんゆうどうけん》は、当時、日本に盲導犬《もうどうけん》訓練士がいなかったことから、扱《あつか》い方がよくわからなかったこともあって、視覚《しかく》に障害《しょうがい》をもつ兵隊さんは、上手に利用できなかったと聞きます。

戦後になって、日本でも視覚《しかく》に障害《しょうがい》をもつ人の歩行を安全に守る犬を育てようという動きがはじまりました。

そのとき、盲人誘導犬《もうじんゆうどうけん》をもっとよびやすい名前に変えようということで、その頃《ころ》、社会事業をしていた経済人《けいざいじん》で、大の犬ずきであった人が、「盲導犬《もうどうけん》」と名づけたのだそうです。そして、日本でも盲導犬《もうどうけん》の育成がはじまるのです。

このような盲導犬《もうどうけん》についての歴史的な事実も、北海道盲導犬《もうどうけん》協会ではたらくようになって知りました。

ここで、あらためて北海道盲導犬《もうどうけん》協会をご紹介《しょうかい》します。

北海道盲導犬《もうどうけん》協会は、総合《そうごう》リハビリテーション施設《しせつ》を運営《うんえい》する公益財団法人《こうえきざいだんほうじん》です。協会は、視覚《しかく》に障害《しょうがい》をもつ人の社会参加をうながすために盲導犬《もうどうけん》の育成、訓練をしています。

さらに、視覚《しかく》に障害《しょうがい》をもつ人たちや人生のなかばで視力《しりょく》が低下したり、失明した人たちが日常《にちじょう》の生活動作を、目を使わずに生活できるように、その技術《ぎじゅつ》を学ぶためのさまざまな道具や機材がととのえられています。

北海道盲導犬《もうどうけん》協会の組織《そしき》は、三部門で構成《こうせい》されています。

(1) 指導部《しどうぶ》、(2) 事務部《じむぶ》、(3) 渉外部《しょうがいぶ》です。

この三部門のなかで、事務部《じむぶ》と渉外部《しょうがいぶ》は、協会運営《うんえい》の資金《しきん》の土台を支《ささ》える、善意《ぜんい》の寄金《ききん》、街頭募金《ぼきん》等の管理、および盲導犬《もうどうけん》の普及《ふきゅう》ＰＲ活動をします。盲導犬《もうどうけん》訓練や視覚《しかく》に障害《しょうがい》をもつ人たちに直接《ちょくせつ》にかかわることがないために、その活動は地道で、広く社会に知られることはありませんが、協会にとっては、運営《うんえい》を資金面《しきんめん》から支《ささ》える、縁《えん》の下の力持ち的なもっとも重要な部門です。

ちなみに、協会の運営《うんえい》を支《ささ》える資金《しきん》の約80％は、寄附《きふ》金と「ミーナの募金箱《ぼきんばこ》」や街頭募《ぼ》金《きん》でまかなわれています。残りの約20％は、公的機関からの補助金《ほじょきん》です。

この三つの部門のもとに、さらに五つの担当《たんとう》にわかれています。

（1）パピーウォーキング担当《たんとう》、（2）盲導犬《もうどうけん》訓練担当《たんとう》、（3）老犬、ケネル（犬舎《けんしゃ》）で犬の健康管理）担当《たんとう》、（4）生活訓練担当《たんとう》、（5）繁殖担当《はんしょくたんとう》です。

協会が、視覚《しかく》に障害《しょうがい》をもつ人のための社会参加をうながす総合《そうごう》リハビリテーション施設《しせつ》であることを説明するのに、いちばんわかりやすいのが、四番目の生活訓練担当《たんとう》の活動でしょう。

この生活訓練担当《たんとう》は、視覚《しかく》に障害《しょうがい》をもつ人の生活技術面《ぎじゅつめん》を支《ささ》えます。生活技術《ぎじゅつ》とは、目に頼《たよ》らずに生活していくために必要な技術《ぎじゅつ》のことです。

視覚《しかく》に障害《しょうがい》をもつ人は、協会内の宿泊施設《しゅくはくしせつ》に一定期間滞在《たいざい》して、身辺の管理、日常《にちじょう》生活、料理の方法といった暮《く》らしていくために必要な技術《ぎじゅつ》を学びます。指導《しどう》するのは、視覚障害《しかくしょうがい》リハビリテーション指導員《しどういん》の資格《しかく》をもつ職員《しょくいん》です。

さらに、職業技術《しょくぎょうぎじゅつ》を得るための基本技術《きほんぎじゅつ》である点字やパソコン、ロービジョン（弱視《じゃくし》）の訓練を受けることができます。

また、白い杖《つえ》による歩行を希望する人には、白杖《はくじょう》歩行の訓練があります。これは、白杖《はくじょう》歩行指導員《しどういん》の資格《しかく》をもつ職員《しょくいん》が指導《しどう》を行います。

そのほかに、協会は、視覚《しかく》に障害《しょうがい》をもつ人や人生の途中《とちゅう》で病気や事故《じこ》により失明した人たちの精神面《せいしんめん》をしっかりと支《ささ》えます。

そのために、北海道盲導犬《もうどうけん》協会の総合《そうごう》リハビリテーション施設《しせつ》は、視覚《しかく》に障害《しょうがい》をもつ人たちの出会いの場としての設備《せつび》もそなえています。

やはり、人は同じ悩《なや》み、同じ苦しみをかかえる人同士が出会い、語りあうことによって、より深く共有しあい、より深く理解《りかい》しあえると考えるからです。そのことから、ともに学びあい、ともに励《はげ》ましあうことができます。これこそが、精神的《せいしんてき》な支《ささ》え合いといえるでしょう。

このことは、これまでに協会の施設《しせつ》を利用して、ユーザー交流会等を開いてきた、視覚《しかく》に障害《しょうがい》をもつ人たちが、経験《けいけん》として伝えてきたことです。

視覚《しかく》に障害《しょうがい》をもつのは自分だけではなかった、自分と同じように苦しみ、同じように悩《なや》む人に出会えた、おかげで心の平安と一歩前へ進む勇気をもらうことができたと。

出会いの場は、さらに広がっていきます。協会の運営《うんえい》に理解《りかい》を示《しめ》し、貴重《きちょう》な寄附《きふ》、募金《ぼきん》活動に協力していただいた一般《いっぱん》市民の人々《ひとびと》にも、施設《しせつ》は開放されています。

視覚《しかく》に障害《しょうがい》をもつ人たちと一般《いっぱん》市民の人々《ひとびと》が、協会でのさまざまな行事、催《もよお》しで出会い、交流を深めあうことで、ともに支《ささ》えあっていく社会を築《きず》くことができます。

もちろん、協会が描《えが》く夢《ゆめ》は、視覚《しかく》に障害《しょうがい》をもつ人と一般《いっぱん》市民の人たちだけではなく、犬をはじめとする、さまざまな生きものたちとともに生きる、より豊《ゆた》かな社会づくりです。

このことは、森にたとえるとよくわかります。広葉樹《こうようじゅ》をはじめとする、さまざまな種類の木々《きぎ》や植物、虫や鳥、動物たちが複雑《ふくざつ》にまじりあって生きる、多様性《たようせい》に満ちた森は、人工的に育てたスギの単一林などにくらべると、環境《かんきょう》の変化や病気に耐《た》える力が増《ま》す、多様性《たようせい》の強さをもちます。そして、それこそが本来の森の自然な姿《すがた》です。森は多様な命を育《はぐく》むゆりかごなのです。

人の生きる社会も、多様性《たようせい》に満ちた森のようであってほしいと協会は考えています。

北海道盲導犬《もうどうけん》協会のこの考え、理念は、おかげさまで、社会から大きな評価《ひょうか》を受けました。

二〇一一年七月、財団《ざいだん》法人日本動物愛護《あいご》協会が創立《そうりつ》六十周年記念事業で創設《そうせつ》した、「日本動物大賞動物愛護賞《あいごしょう》」を北海道盲導犬《もうどうけん》協会の老犬ホームが受賞しました。

これは、人と盲導犬《もうどうけん》とが、互《たが》いに支《ささ》えあって、豊《ゆた》かな社会を築《きず》いてきたことに対する功績《こうせき》を高く評価《ひょうか》されたものです。

代表として老犬ホームが受賞しましたが、これはこれまでに善意《ぜんい》の寄金《ききん》、ボランティアによる支援《しえん》をしてくださった多くの方々《かたがた》、そして協会のPR普及《ふきゅう》活動をしてくださったユーザーの方々《かたがた》、なによりも盲導犬《もうどうけん》および引退《いんたい》した老犬たちすべての功績《こうせき》に対して贈《おく》られたものです。紙面をお借りして、心からの感謝《かんしゃ》を申しあげます。

すきなことは、ごはん、お散歩、そしてお昼寝《ひるね》。うたた寝《ね》もだいすきです。腹《はら》ばいになるとすぐうとうと……。みんなに支《ささ》えてもらって幸せです。

❄ ラブラドール・レトリバー

老犬ホームがおだやかなふんいきで運営《うんえい》できているのは、貴《とうと》い支援《しえん》に支《ささ》えられていることに加えて、老犬たちがラブラドール・レトリバーという犬種だからかもしれません。

ラブラドール・レトリバーの性格《せいかく》は、とてもおだやかで、人のそばにいることを好み、従順《じゅうじゅん》で忠実《ちゅうじつ》で気品があるところから盲導犬《もうどうけん》としての適性《てきせい》にすぐれています。

ラブラドール・レトリバーのふるさとは、カナダのラブラドール半島の南にある、ニューファウンドランド島、セントジョンズ地方です。

ニューファウンドランド島には、大型犬のニューファウンドランド犬がいて、その犬種と区別するために、ラブラドール・レトリバー種は、スモール・ウォーター・ドッグとよばれています。ウォーター・ドッグとは、猟師《りょうし》が仕とめたキジやカモなどの水鳥を、川や沼《ぬま》にとびこんで回収《かいしゅう》する水猟犬《りょうけん》のことで、海で漁網《ぎょもう》の回収《かいしゅう》なども手つだいます。

そのために、ラブラドール・レトリバー種は、泳ぎは得意です。ビロードのような短毛も寒冷地の海や湖で泳ぐのに適《てき》しています。

しかし、ラブラドール・レトリバー種のもっともすぐれたところは、なんといっても、その気質《きしつ》と性格《せいかく》にあります。攻撃性《こうげきせい》がなく、温厚《おんこう》でおだやかで素直《すなお》です。しかも、おどろくほど人に対して誠実《せいじつ》で忠誠心《ちゅうせいしん》があります。自分をかわいがって、よくしてくれる人には、全身でよろこびをあらわし、どこまでも誠心誠意《せいしんせいい》つくしてくれます。また、教えられたことは、すぐにおぼえて、いつまでも忘《わす》れずにいる、頭のいい愛らしい犬です。

しかもラブラドール・レトリバー種は、体型もほどほどの大きさで、日本人の平均《へいきん》体格《たいかく》にぴったりの大きさです。短毛であることも、北海道の降《ふ》りつもった雪道での歩行に雪玉がつかず、適《てき》しています。

ラブラドール・レトリバー種のもともとの平均寿命《へいきんじゅみょう》は、およそ十一〜十二年といわれています。盲導犬《もうどうけん》は、仕事のストレスから一般《いっぱん》のペットの犬よりも短命だろうと思われがちですが、事実はまったく逆《ぎゃく》で、むしろ、子犬時代から食事、排泄《はいせつ》など規則正《きそくただ》しい生活を送るように教えられていることで、一般《いっぱん》のペットの犬よりも、長く生きるといわれています。

北海道盲導犬《もうどうけん》協会の老犬ホームに入所しているラブラドール・レトリバーは、おおむね長寿《ちょうじゅ》の傾向《けいこう》にあります。なかには、もうすこしで、二十歳《はたち》という長寿犬《ちょうじゅけん》もいました。長寿《ちょうじゅ》はうれしいことですが、それにも増《ま》して、それぞれのラブラドールの老犬たちが、毎日を楽しく、すこやかに、病気をもつ老犬たちもなるべく快適《かいてき》に老後を過《す》ごしてくれることをねがっています。

老犬ホームの老犬たちのふるさとは、いまでは、札幌《さっぽろ》なのです。それは、盲導犬《もうどうけん》になるラブラドールたちが、代々《だいだい》、北海道盲導犬《もうどうけん》協会に登録いただいている繁殖《はんしょく》ボランティアの家庭から生まれていることからきています。盲導犬《もうどうけん》たちは札幌《さっぽろ》で生まれて、札幌《さっぽろ》の老犬ホームに帰ってくるのです。

こんにちは！
私《わたし》たちのアイドルグループ名は、ＲＨＫ８。
これは老犬ホームクラブの８頭ということ。
はずかしがりやの子もいるけど、よろしく！

❄ 老犬たちから学んだこと

北海道盲導犬《もうどうけん》協会の老犬ホームで老犬たちのお世話を二十八年つづけてきて、しみじみ思うのは、老犬のお世話はすべて、老犬たちから教えてもらった、というそのひとことにつきます。

老犬のお世話という仕事は、目くばり、気くばり、心くばりです。そして、明日はない、というかくごで、その日そのときできることをする、それにつきます。

まずはお世話をする前に、老犬の動きやクセをじっくりと観察することからはじめます。

老犬ホームに入所してくる老犬とは初対面です。老犬にとっては、これまでの暮《く》らしがすべて変わります。

老犬は当然、不安がっていますし、お世話をする私《わたし》たちも、その老犬のことはなにも知らないのです。それだからこそ、じっくり観察することが求められます。

老犬の動作は落ちついているか、人に対する反応《はんのう》はどうか、まわりの老犬たちとなかよくできそうか、あるいは一頭でいることを好むのか、歩き方は大丈夫《だいじょうぶ》か、それとも足を引きずるのか、毛の色つや、顔の表情《ひょうじょう》といった全身状態《じょうたい》に問題はないか、などということをひとつ、ひとつ、時間をかけて、ていねいに観察します。その結果、どんなお世話が必要かを判断《はんだん》し、その内容《ないよう》を老犬ホームのスタッフ全員で共有します。どんなに長くこの仕事をやってきても、この観察チェックは、けっしておろそかにはできません。老犬は一頭一頭、違《ちが》うからです。

犬はおおむね十四歳《さい》を過《す》ぎる頃《ころ》には、足の運びが重くなり、引きずったり、よろよろとふらついたりして支《ささ》えが必要になります。そのような老犬には、歩行を助け、体重を支《ささ》える犬の介護服《かいごふく》を着用させます。

この介護服《かいごふく》は、一般《いっぱん》の方がご自分の老犬のために考案されたもので、すでに商品化されて、ペットショップで販売《はんばい》されています。老犬ホームでは、考案者であるその方から寄《き》附《ふ》していただいた介護服《かいごふく》を利用しています。そのおかげでずいぶんと助けられています。

そして、犬は老化が進むと、自然に筋力《きんりょく》がおとろえてきて、だんだんにやせてきます。まず後ろ脚《あし》から弱ってきて、立ちあがれなくなりますから、後ろ脚《あし》をかかえて歩かせるようにしむけます。

このとき、バスタオルなどを老犬の腹《はら》に巻《ま》いて、バスタオルごともちあげてやると、老犬は前脚《まえあし》で立って歩くことができます。後ろ脚《あし》を立たせてやるだけでも、老犬は歩こうという気持ちになって前脚《まえあし》を動かしますから、その気持ちを支《ささ》えてやるつもりで、後ろ脚《あし》をもちあげてやることが大切です。

こうすると、排泄《はいせつ》もやりやすくなりますから、できる限《かぎ》り、後ろ脚《あし》をもちあげてやって散歩に連れだします。とはいえ、ラブラドール・レトリバーの老犬の体重は二十五キロ前後はありますから、お世話する者は腰《こし》や背中《せなか》を痛《いた》めないように気をつけなければなりません。

そして、やはり老犬は一頭一頭、違《ちが》います。

歩きはじめだけを支《ささ》えてやれば立てる老犬もいますし、散歩のとき、支《ささ》えてもらうのを待っている老犬もいます。さらに、あらゆることに支《ささ》えや手助けが必要な老犬もいます。

老犬たちがなにを求めているかを思いやることが大切で、これが目くばり、気くばり、心くばりです。

老犬の宿命は、元気で入所してきても、やがては立てなくなる日が遠からず、やってくるということです。いわゆる寝《ね》たきりの状態《じょうたい》になるのですが、そうなると、お世話の仕事は支《ささ》えることから、いかに工夫《くふう》して快適《かいてき》な状態《じょうたい》をつくってやれるかという、第二の段階《だんかい》に移《うつ》ります。

寝《ね》たきり状態《じょうたい》になって、なによりも大切なのは、清潔《せいけつ》を保《たも》つことです。そのためには、排泄物《はいせつぶつ》で汚《よご》れやすいところの毛を、あらかじめバリカンで刈《か》ってやります。これは、汚《よご》れを洗《あら》いやすくするためです。毛にこびりついた便や匂《にお》いはしつこくて、取れにくいための処置《しょち》です。

汚《よご》れたらすぐにその場で洗《あら》い流してやります。そのとき、犬の腰《こし》の下にペットシーツや洗面器《せんめんき》を置いて、ペットボトルなどに入れた水で洗《あら》い流してやります。そうすると、老犬もさっぱりした表情《ひょうじょう》を見せます。

また、寝《ね》たきりの状態《じょうたい》になると、敷物《しきもの》の工夫《くふう》をします。やわらかい低反発の素材《そざい》や薄《うす》めのもの、厚《あつ》めのものというふうに状態《じょうたい》に合わせてやります。床《とこ》ずれ防止《ぼうし》にはエアマットを使用します。後ろ脚《あし》のあいだに股枕《またまくら》をはさみこんでやると、ムレ防止《ぼうし》になります。

老犬が自分の力で起きあがれなくなれば、クッションをいくつも使って体を支《ささ》えてやります。このようなとき、老犬はされるがままですが、その表情《ひょうじょう》から満足してよろこんでいるのがわかります。

前脚《まえあし》も後ろ脚《あし》も弱くなって立ちあがれなくなった老犬には、いろいろなタイプの犬用の車椅子《くるまいす》を揃《そろ》えています。

車椅子《くるまいす》を使用するのは、犬本来の四つ足で立つという姿勢《しせい》を保《たも》たせることで、これは全身の機能《きのう》を維持《いじ》するためです。車椅子《くるまいす》使用の老犬は、自分で歩きますし、立つことで、食事も自分で食べることができます。

食べることは、もっとも大切なことです。

老犬は年をとってくると、しだいに舌《した》がうまく使えなくなって、食器から食べるのがむずかしくなります。このような場合、食器がステンレス製《せい》だと、舌《した》がすべって、なめてもなめても、食べものがすくいとれません。この状態《じょうたい》を改善《かいぜん》するために、老犬ホームでは、ペット用品メーカーと協力して、寝《ね》たきり老犬のための特別食器を考案し、製《せい》品化《ひんか》しました。それは、犬のアゴが食器に当たらないように、食器そのものをホタテ貝の形にデザインし、底を浅く、ヘリをカーブさせたものです。また、形が自由に変えられる、やわらかいシリコン製《せい》のボールも使って、食べやすさを工夫《くふう》しています。

立って食べることができる老犬でも、食器が低い位置にあると首が届《とど》きにくくなりますから、これも、食器の高さを四段階《だんかい》に調整できる、木製《もくせい》の食器台を工夫《くふう》しました。この食器台は、水の食器にも併用《へいよう》できます。

老化や病気などで食欲《しょくよく》にムラがでてくるようになると、その老犬がなにを食べるのかを見きわめなくてはなりません。ムラのある食欲の原因が病気からきているかもしれないと考えられる場合は、血液検査《けつえきけんさ》をして調べます。病気が発見されれば治療《ちりょう》を開始します。病気が原因《げんいん》ではない場合は、気分のムラからくるものですから、食べものを工夫《くふう》して与《あた》えてみます。うまいぐあいにすきな食べものを見つけても長つづきしないこともありますから、これは根気よくやるしかありません。

歯のケアについて老犬ホームの方法をご紹介《しょうかい》します。

盲導犬《もうどうけん》は訓練期間のあいだに歯みがきの習慣《しゅうかん》を指導《しどう》しています。引退《いんたい》後の老犬たちも、つねに歯の状態《じょうたい》をチェックします。問題があれば、歯みがき専用《せんよう》のシートやガーゼをひとさし指に巻《ま》いて、ごしごしとていねいにふいてやります。

歯のケアがすきな老犬はいませんが、訓練で教えられていますから、対面に座《すわ》らせて、歯の手入れをしてやると、そのあいだは、じっとおとなしくがまんしています。

また、歯肉炎《しにくえん》などで歯ぐきが赤くはれている場合は、ひとさし指の腹《はら》でやさしく歯ぐきをマッサージしてやります。マッサージの効果《こうか》で改善《かいぜん》して痛《いた》みがおさまります。老犬も気分がよくなるようです。こういったことは、すべて老犬たちから学んできたことです。

さらに、徘徊《はいかい》がはじまる老犬もいます。徘徊《はいかい》をする老犬には、フロアにポールを固定して、回転式の支柱《しちゅう》を取りつけ、その支柱《しちゅう》にリードをくくりつけておくと、徘徊《はいかい》する老犬はポールのまわりをぐるぐるまわるだけですから安心して見守りができます。これは徘徊《はいかい》する老犬には運動を兼《か》ねて良い方法です。

徘徊《はいかい》のための支柱《しちゅう》ポールや体調によって使い分けできる手づくりの車椅子《くるまいす》は、犬がだいすきという人のつながりから伝わってゆき、具体的な形となって創意工夫《そういくふう》にあふれた道具や設備《せつび》が老犬ホームに届《とど》けられます。それらはボランティアさんの、それぞれの専《せん》門技術《もんぎじゅつ》が生かされたアイデア品で、愛犬のいるご家庭でも活用できるものばかりです。

このような専門技術《せんもんぎじゅつ》をおもちのボランティアさんたちに御《ご》協力いただけるのは、老犬ホームの大きな幸せです。おかげさまで、私《わたし》たちスタッフはもちろんですが、それらを利用する老犬たちもどれほど助かっているか、言葉ではいいあらわせないほどです。深く感謝《かんしゃ》申しあげます。これらは老犬ホームの宝《たから》ものです。

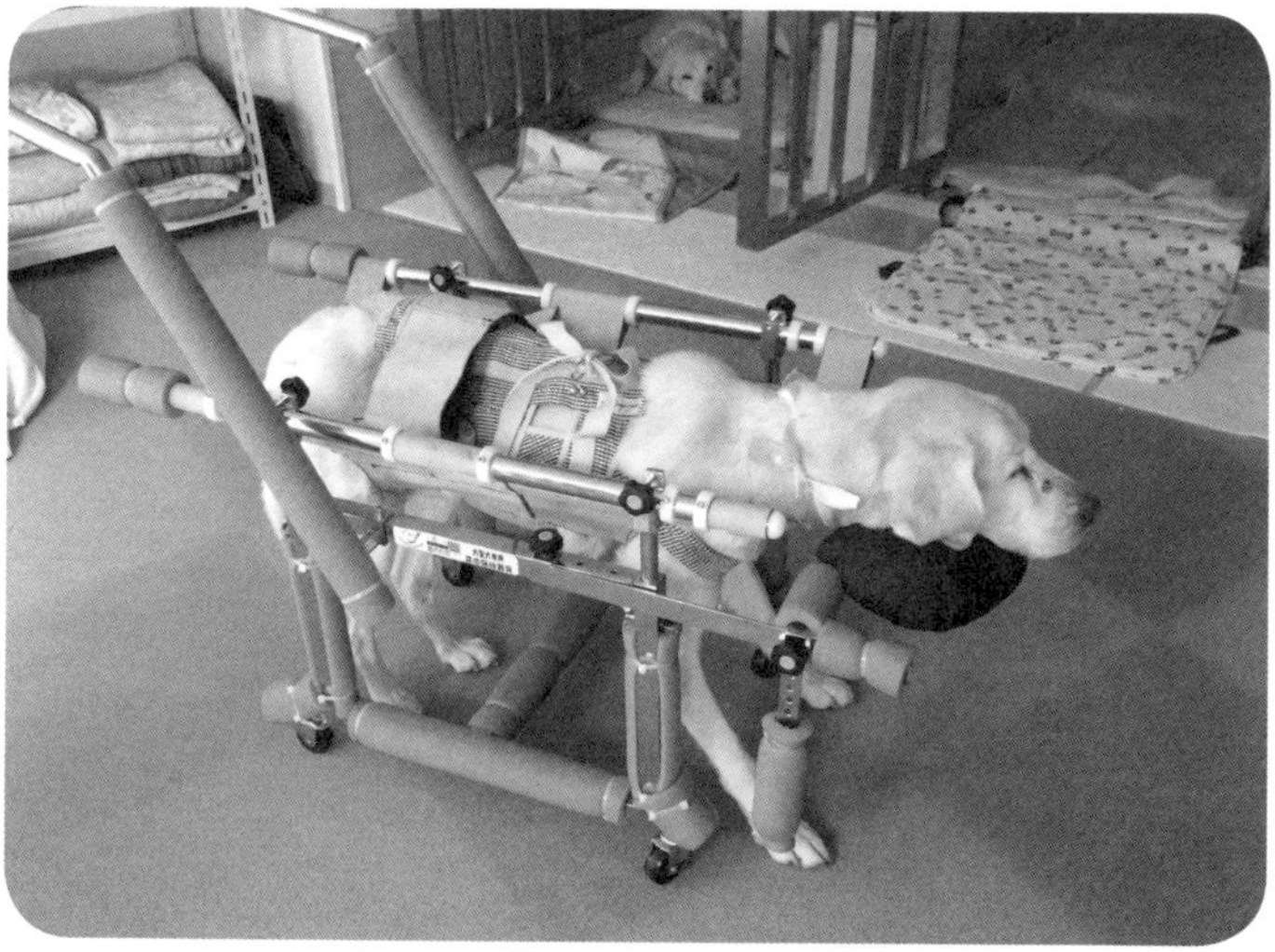

首も腰《こし》もうんとラクラク。

最新式乳母車《うばぐるま》でラクチンです。

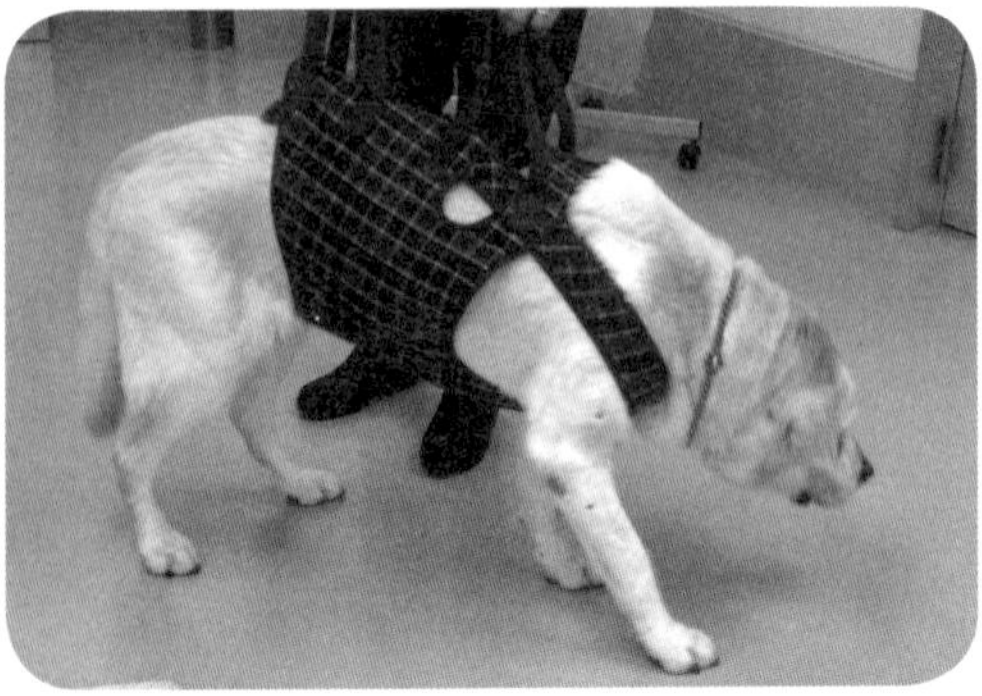

介護服《かいごふく》。
定番の人気は
チェック柄《がら》。

口をあけたとき、
タイミングよく
さっと入れてあげる。
魔法《まほう》の手。

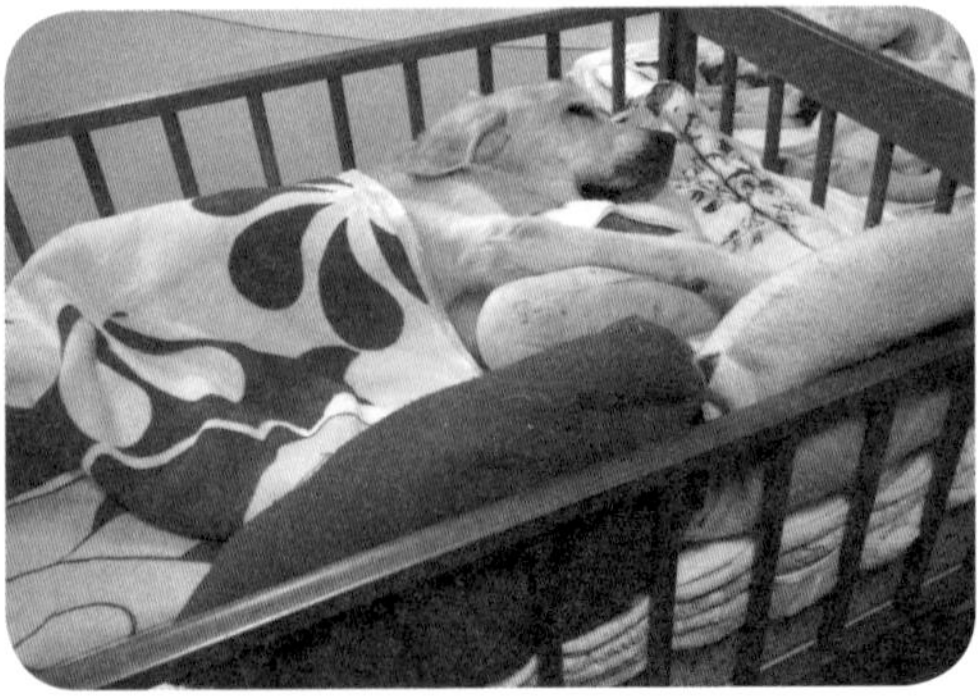

寝《ね》たきりの子には
マットが支《ささ》え。
ふわふわマットを
抱《だ》いていると安心。

❄ 老犬ホームの一日

老犬ホームの一日は午前八時三十分、協会スタッフが出勤《しゅっきん》してはじまります。

まずはお待ちかねの朝ごはんです。食事は元気な老犬たちから先にすませます。寝《ね》たきりの老犬や手助けが必要な老犬、体調不良の老犬たちはそのあとになります。スタッフが体を支《ささ》えてやり、時間をかけてゆっくり食べさせる必要があるからです。

食事のメニューも一頭ごとに合わせます。そのためには観察が大切なポイントです。食べているように見えてもなかなか食べものが減《へ》らない老犬は、舌《した》ですくえていないことがわかりますから、ドッグフードを大粒《おおつぶ》や小粒《こつぶ》に変えてみたり、ふやかしてやわらかくしたりして様子を見ます。食べにくそうにしていれば、シリコン製《せい》のスプーンを使って、口をあけるタイミングに合わせて上手に口のなかに押《お》しこんでやります。

いそいで与《あた》えるとのど詰《づ》まりの原因《げんいん》にもなりますから注意して、ゆっくり与《あた》えます。また、ステンレス製《せい》のお皿はすべりやすいので、植木鉢《うえきばち》の受け皿やシリコン製《せい》の深いボールに変えます。食器台を利用して食器の位置を高くしてやるのも一方法です。食事はお世話のなかでは、もっとも気を使います。

老犬たちの朝ごはんがすむと、犬舎《けんしゃ》の掃除《そうじ》です。犬舎《けんしゃ》には一頭ごとの個室犬舎《こしつけんしゃ》とつねに見守りが必要な老犬たちが仲間といっしょに過《す》ごす広いフロアがあります。フロアには平均《へいきん》して五〜六頭の老犬たちがいます。すべての老犬たちが快適《かいてき》に清潔《せいけつ》に過《す》ごすために、毎日の朝の掃除《そうじ》は欠かせない仕事です。

午前十時からはお散歩の時間です。老犬たちはお散歩がだいすきです。どの老犬も「はやく連れてってよ！」と全身で訴《うった》えてきます。それを「よしよし、順番ですよ」となだめながら、老犬ボランティアさんやスタッフが一頭ずつリードをつけて外に連れだして、協会のまわりや豊平川《とよひらがわ》の岸辺をひとめぐりします。一頭につき、およそ二十分くらいです。散歩は健康維持《いじ》には欠かせません。足の弱った老犬も介護服《かいごふく》を着用させて、できるだけ歩かせるようにします。老犬たちもよろこんで前脚《まえあし》だけでも歩きたがります。できるだけゆっくり、風や光、草花や土の匂《にお》いかぎを楽しませます。寝《ね》たきりの老犬や足が弱って歩けない老犬は、屋上にある老犬ひろばに乳母車《うばぐるま》で運んで、ひなたぼっこをさせます。外に連れだすと、みんな大よろこびします。老犬ひろばではスタッフや老犬ボランティアさんがマッサージをほどこすこともあります。老犬たちは気持ちよさそうにまどろみます。

午後一時になると、おやつの時間です。おやつは、老犬たちのその日の状態《じょうたい》によってメニューが変わります。協力者から届《とど》けられたビスケットやクッキーなどが主なおやつです。なかでも、いちばんの人気はリンゴです。

老犬ボランティアさんやスタッフが、キッチンでリンゴを切りわけると、リンゴの匂《にお》いをかぎつけて老犬たちが集まってきます。みんな、リンゴをじっと見つめて、「はやく食べたいよっ」と尾《お》をぱたぱた振《ふ》ってさいそくします。

「はいはい、順番ですよ」

スタッフは、やさしくなだめます。人も老犬もうれしい時間です。

午後二時過《す》ぎはお昼寝《ひるね》の時間、一日のうちでもゆったりとした時間が流れる昼下がりのひとときです。フロアの老犬たちはすきな場所――テーブルの下やマットの上でお昼寝《ひるね》をします。

みんな、ほんとうにお昼寝《ひるね》がすきです。いびきをかく老犬も楽しい夢《ゆめ》を見ているらしい老犬もいて、寝顔《ねがお》はどの老犬も愛らしいのひとことです。老犬たちがお昼寝《ひるね》をしている時間は、私《わたし》たちスタッフもちょっとひと休みしたり、デスクワークの時間にあてたりできます。

午後三時三十分は、老犬たちの少し早目の夕ごはんの時間です。もちろん、夕ごはんも一頭、一頭、体調を確認《かくにん》してメニューを決めます。太りすぎにも気をつけてカロリーもきちんと考えます。寝《ね》たきりの老犬や自分で食事がとれない老犬は支《ささ》えてやったり、手助けをしたりして、できるだけ食べるようにしてやります。

午後五時は、協会スタッフのミーティングの時間です。訓練中の若《わか》い犬の様子や老犬たちの体調、健康状態《じょうたい》について話し合いをします。このミーティングは老犬フロアのテーブルをかこんで行われますから、フロアにいる老犬たちはスタッフのまわりにいて耳をかたむけています。スタッフにとっては、話し合っている老犬がそばにいることで、全員で情報《じょうほう》を共有できますし、ミーティングのふんいきは和気あいあいとなります。ミーティングが終了《しゅうりょう》すると、老犬スタッフの一日の仕事が終わります。宿直当番のスタッフはそのまま残って、トイレ等のお世話をします。

午後六時四十分になると、老犬ホーム内に寝《ね》泊《と》まりしてお世話や見守りをする夜間スタッフが出勤《しゅっきん》してきます。このとき、老犬たちは尾《お》をぱたぱた振《ふ》って、揃《そろ》っておでむかえをします。これはスタッフが教えたことでもなく、老犬たちが自然にはじめた習慣《しゅうかん》です。老犬たちは、夜間スタッフに、「こんばんは」とあいさつをしているようにも見えます。夜間スタッフも自然に、「こんばんは、みんな、いい子だね」と声をかけます。そのあと、トイレや夜食のある老犬には夜食を与《あた》えたり、寝《ね》たきりの老犬の体位交換《こうかん》などのお世話をします。遊び道具で遊びたい老犬の相手をしてやるのもこの時間です。

一般《いっぱん》のご家庭で過《す》ごされる夜の団《だん》らんの時間が、老犬ホームのフロアにもあります。窓《まど》の外は夜でも老犬ホームのフロアにはあかりがともり、仲間の老犬たちとくつろぎのひとときを過《す》ごします。

午後九時は「おやすみなさい」の時間です。

夜間スタッフは専用《せんよう》ベッドでねむり、個室犬舎《こしつけんしゃ》でねむる老犬もいれば、フロアの老犬たちはスタッフのベッドのまわりにそれぞれのベッドをととのえてもらって、思い思いにねむります。

体調がわるい老犬は、夜間スタッフがつきそって見守ります。それだけで安心してねむる老犬もいます。寝《ね》たきりの老犬も真夜中に体位交換《こうかん》をしてもらいます。おむつシートのチェックも欠かせません。

以上がおおよその老犬ホームの一日です。朝夕の食事、散歩、お昼寝《ひるね》のほかにトイレの時間があります。トイレは生活習慣《しゅうかん》でしつけられていますが、体調をみて、それぞれの老犬たちの様子から判断《はんだん》します。これがほぼ毎日くりかえされますが、このほかに、おふろタイムがあります。

おふろはジャグジーで、みんな、だいすきです。寝《ね》たきりの老犬もかかえてもらって、気持ちよさそうにおふろを楽しみます。

そして、ブラッシングやマッサージもあります。健康状態《じょうたい》をチェックするときに、マッサージや耳掃除《そうじ》といったことは、老犬の体の状態《じょうたい》を知るために大切です。

こんなふうに決められたタイムスケジュールはありますが、季節や、お天気のぐあいなどで一頭、一頭の体調は日々《ひび》変化します。食欲《しょくよく》のムラもありますから、老犬たちがなにをして欲《ほ》しいのかをいつも感じとれるように目くばりをしています。もちろん、遊んでもらいたがる老犬もいますから、そのときは手のあいているスタッフが相手をします。人気はボールの投げっこです。

老犬ホームには、ときどき見学のお客さまも見えます。老犬たちはお客さまがだいすきです。私《わたし》たちスタッフにとっても、見学のお客さまをむかえるのはうれしいことです。老犬たちと揃《そろ》っておでむかえし、老犬ホームの暮《く》らしや老犬たちをご紹《しょう》介《かい》することもあります。

老犬ホームは、どなたにでも気軽におたずねしていただけるようにいつもドアは開けてあります。見学日のご予約をお待ちしています。

あはっ！　おふろで失礼します。気持ちよくてごきげんです。

❄ 老犬飼育委託《しいくいたく》ボランティアさんと暮《く》らすパール

老犬ホームでは、老犬のなかまたちとの集団《しゅうだん》生活になりますから、老犬たちは一日のタイムスケジュールにそって規則正《きそくただ》しい生活を送ります。

一方、老犬飼育委託《しいくいたく》ボランティアさんのご家庭で暮《く》らす老犬は、それぞれのボランティアさんのご家庭の暮《く》らしに家族の一員としてなじんでゆきます。その一例をご紹介《しょうかい》します。

現役《げんえき》時代、秋田で活躍《かつやく》したおちゃめでかわいい女の子、パールは十歳《さい》で現役《げんえき》を引退《いんたい》しました。パールは、色白のとびっきりの美人です。

引退《いんたい》後は、ご主人が会社におつとめ、奥《おく》さまが美容院《びよういん》を経営《けいえい》されている、老犬飼育《しいく》委託《いたく》ボランティアのご家庭にあたたかくむかえられて、あたらしい生活をはじめました。

私《わたし》は、いまから十年ほど前、パールが暮《く》らす、このご家庭を訪問《ほうもん》しました。それは、協会の老犬担当《たんとう》としてパールの健康状態《じょうたい》を確認《かくにん》するための訪問《ほうもん》でしたが、北海道盲導《もうどう》犬《けん》協会発行の「協会だより」にパールの訪問記《ほうもんき》を掲載《けいさい》することになって、取材もしました。いまでは、かわいいパールのなつかしい思い出となっています。パールの当時の暮《く》らしぶりをお伝えします。


パールの一日は、午前六時起床《きしょう》からはじまります。朝ごはんはおとうさんからもらうため、パールはおとうさんが起きてくるのをじっと待ちます。ときどきは待ちきれなくて、おふとんの上にとびのって、おとうさんの顔をぺろぺろなめて起こすこともあります。

「おとうさん、はやく起きてよ、わたし、おなか、ぺこぺこよっ！」

おとうさんは、ねむい目をこすりこすり起きてきて、朝ごはんをパールにやります。

「待ってました！　わたし、朝ごはん、だーいすきっ！」

午前八時になるとおとうさんはお仕事におでかけです。パールは玄関《げんかん》でおかあさんといっしょに、おとうさんをお見送りします。

「いってらっしゃい。お仕事、がんばってね！」

おとうさんはふりかえって、パールに声をかけます。

「パール、いってくるよ。いい子でいるんだよ」

九時三十分、おかあさんがお仕事にでかけます。パールもいっしょです。おかあさんは、家から美容院《びよういん》のお店まではパールのお散歩とトイレタイムを兼《か》ねて歩いていきます。途中《とちゅう》でおなじみさんに声をかけられます。

「パール、えらいね。お仕事、がんばってね、いってらっしゃい」

「そうなのよ。きょうもがんばるね」

尾《お》をぱたぱた振《ふ》ってこたえます。パールは、人がだいすきなのです。

午前十時、おかあさんとパールの仕事がはじまります。おかあさんは、開店前のお店のお掃除《そうじ》をします。パールはお店の前でお客さまをよびこみ、おでむかえをして、受付をします。そして、お客さまを「ありがとうございました」とお見送りもしますから、忙《いそが》しいのです。なんといってもパールはお店の看板娘《かんばんむすめ》、お客さまの人気をひとり占めしています。おかあさんは、接客《せっきゃく》をやってくれるパールにいつも、「ありがとうね、パールちゃん」と声をかけます。

午後二時、ようやくひと休みタイム。パールはお店の前にでて寝《ね》そべります。

「ああ、疲《つか》れたねー」

すると、となりのお肉屋さんのおばさんやお姉さんたちがパールに声をかけてくれます。

「パール、えらいね、きょうもお手伝いしてるんだね」

「そうなの、きょうはお客さんが多かったよ。おかあさんのウデがいいんだね」

パールは尾《お》をぱたぱたと振《ふ》ります。そして、頭をなでてもらったり、肉球をもんでもらったりして昼下がりのひとときを楽しみます。おかあさんは、お店のなかからパールが町の人にかわいがってもらってる様子を、目をほそめて見ています。

そして、また、午後のお仕事がはじまります。お客さまをむかえて、受付です。

「あら、パールちゃん、わたし、パーマかけようか、カットしようか、迷《まよ》ってるんだけど、どっちがいいかしらねえ」

「どっちもおにあいですよ」

パールは尾《お》をぱたぱた振《ふ》って、こたえます。

おかあさんは、にこにこ、うれしい笑顔《えがお》です。パールがいるとお店のふんいきがなごやかになります。

午後四時、お仕事もようやく一段落《いちだんらく》しました。パールには、すこし早目の夕ごはんです。このときばかりは、看板娘《かんばんむすめ》のお仕事もパールの頭にはありません。ひたすらパクパク、「ごはん、だいすき」の顔です。うんとはたらいたのだものね、夕ごはんのおいしいこと！

夕ごはんがすむと、また、ひとがんばりです。「がんばろうね、パール」

午後七時になると、おとうさんがお店に帰ってきます。

「ただいま、パール」

パールはうれしくて、うれしくて、おとうさんにとびつき、顔じゅうをぺろぺろなめまわします。

「わかった、わかった！　おとうさんもパールがだいすきだよ。よしよし、いい子だね」

午後八時、美容院《びよういん》の閉店《へいてん》時間です。パールのお仕事もようやく終わりです。

「よくはたらいたねー、さあ、みんなでおうちに帰ろうね」

午後九時。おとうさんとおかあさんと三人で家に帰りついたあと、パールはリビングに寝《ね》そべってごろごろ、リラックスタイムを過《す》ごします。おとうさんもパールといっしょにくつろぎます。

「パール、きょうも一日ごくろうさんだったね」

「あたし、もうくたくたよ」

午後十時。パールはベッドでまるくなってねむります。その寝顔《ねがお》のかわいいこと！　おとうさんとおかあさんは、うっとり見とれます。

パールのおとうさんとおかあさんはいいます。

パールがやってきてから、なんとなく夫婦《ふうふ》げんかしなくなったね。だって、おとうさんとおかあさんが言い争いをはじめると、さっとパールがふたりのあいだに割《わ》りこんできて、なかなおりさせるんだものね。そのあとは、きまってパールはおとうさんの顔をなめるんだよね。あれは、「おとうさん、いいすぎよー」といってるんだよね。

パールのおかげでいつも、家庭の平和が保《たも》たれています。もうパールのいない我《わ》が家《や》なんて考えられません。おとうさんとおかあさんはそういいます。

私《わたし》もそのとおりだと思いました。

子犬のかわいらしさは、やんちゃぶりにありますが、老犬の愛らしさはゆったりと落ちついていて、それでいて素直《すなお》な心でなごませてくれるところにあります。

パールを訪問《ほうもん》したその日、私《わたし》は、幸せのおすそわけをいただいたような気がして帰《き》途《と》につきました。老犬ホームの老犬たちも、老犬委託《いたく》ボランティアさんの家で暮《く》らす老犬も幸せです。

❄ 寒さと犬は天からの贈《おく》りもの

協会が全力をそそいで育ててきた盲導犬《もうどうけん》を、ユーザーの手に渡《わた》してから以後の、ユーザーと盲導犬《もうどうけん》との日々《ひび》の体験とご苦労は、協会のもうひとつの宝《たから》ものとなっています。

そのいくつかをご紹介《しょうかい》しましょう。どれもユーザー交流会で語られた経験談《けいけんだん》です。

あるユーザーは、盲導犬《もうどうけん》を連れてバスに乗車したときのことを語っています。

その人が盲導犬《もうどうけん》を連れてバスに乗りこむと、すかさず乗客から抗議《こうぎ》の声があがった、というのです。

「バスに犬なんか乗せるな！」

ユーザーはひるむことなくやりかえします。

「バスに乗らないでどうやって家に帰るのさ！」

もちろん、ユーザーのいうとおりです。札幌《さっぽろ》では全国に先がけて、バスも電車も公共の乗りものには、盲導犬《もうどうけん》も乗車できます。しかし、そのことは当時の世間の人々《ひとびと》にはまだまだ知られていなかったのです。だからこそ、そのような光景が出現《しゅつげん》するのですが、私《わたし》が感心するのは、抗議《こうぎ》する乗客もやりかえすユーザーも互《たが》いにけっして負けてはいないというところで、北国の人らしく本音でやりあうところにすがすがしさがあります。

ユーザーは、きっぱりと語ります。

「わたし、どなられてもどなられても、やりかえしてやったよ。わたしのあとにつづくユーザーのためだと思ってね。そのうちに、乗客から盲導犬《もうどうけん》のことを、おとなしくてかわいい犬だね、といってもらえるようになったんだよ。知らない人とも話ができるようになったしね。盲導犬《もうどうけん》をもつまでは、バスのなかで人と話をするなんてことはなかったからね」

これは、勇気ある行為《こうい》といえるでしょう。抗議《こうぎ》する人もやりかえす人も率直《そっちょく》で素朴《そぼく》です。こだわりなく、やりかえすその勇気は、私《わたし》も見習いたいところです。

また、あるユーザーは、盲導犬《もうどうけん》をもってから初めて子どもの授業《じゅぎょう》参観に参加できたよろこびを語っています。

「まさかね。これまでいちどもいってやれなかった授業《じゅぎょう》参観にでかけたんですよ。学校までの途中《とちゅう》、道に迷《まよ》って授業《じゅぎょう》も終わり頃《ごろ》にようやく間にあったんだけど、なによりも子どもがとびついてきてよろこんでくれてね。わたしがなかなかこないので心配してたんでしょう。その日は、教室の子どもたちに盲導犬《もうどうけん》がめずらしがられて、先生からもお礼をいってもらったりして、ほんとうによかったですよ！」

盲導犬《もうどうけん》をかこむ、教室の光景が目に浮《う》かぶようです。子どもたちは、その日、生きた社会勉強をしたのではなかったでしょうか。

また、あるユーザーは、盲導犬《もうどうけん》はほんとうの目です、と語っています。

その人は民謡《みんよう》がお得意だそうですが、視覚障害《しかくしょうがい》のため外出がままならなかったところに盲導犬《もうどうけん》がやってきたおかげで、札幌《さっぽろ》にある民謡《みんよう》教室にかよえるようになったそうです。

そこで思いのたけをうたい、歌の友人もでき、さらに民謡《みんよう》の全国大会にも出場して入賞、つづいて北海道大会でも知事賞に輝《かがや》くなどして才能《さいのう》が開花したと、よろこびを語っています。

このようなユーザーと盲導犬《もうどうけん》との経験談《けいけんだん》をまとめれば、北海道盲導犬《もうどうけん》協会の活動を側面から語る、もうひとつの協会物語ができるでしょう。

北海道を語る言葉は、北の大地であり、酪農《らくのう》王国であり、パウダー・スノーのスキー場といろいろありますが、盲導犬《もうどうけん》による福祉《ふくし》王国づくりも、そのひとつに加えていいのではないかと思います。

そしてあらためて思うのは、北海道の人たちはほんとうに生きもの、それも無類の犬ずきなのだな、ということです。

それは、北海道が雪の多い、寒冷地であることと深い関係があるのかもしれません。

寒い土地だからこそ、人と犬は昔むかしから助けあって生きてきたのでしょう。

寒さは言葉でのやりとりよりも、行動する力を発達させてきたともいえます。言葉をかわしあう前に寒さから身を守りあい、気持ちでわかりあうことが必要とされ、信頼《しんらい》を築《きず》いてきたのでしょう。人も犬も同じ立場で、ともに生きてきたのではなかったかと思います。

さらにもうひとつ、北海道の大地は広大です。農業をはじめとして、牛や羊や馬を飼《か》う酪農《らくのう》や牧場《ぼくじょう》がたくさんあります。そこでも犬は必要とされます。乳牛《にゅうぎゅう》を飼《か》っていた、私《わたし》のおじいちゃんとおばあちゃんの小さい牧場《ぼくじょう》にも犬たちがいました。

おばあちゃんが、話していたことを思いだします。それは、おじいちゃんが町にでかけて家にいない夜の、留守番《るすばん》のことについてです。

「長年、暮《く》らしていて慣《な》れているとはいっても、やはり深い森のそばの家でひとりで留守番《るすばん》をするのは心ぼそいものだよ。そんなときに、そばにクロがいてくれるだけで、どれほど心強いことか、ものいわぬクロでもね」

その言葉の意味を子どもだった私《わたし》は、もちろん理解《りかい》できませんでした。でも、今なら、ものすごくよくわかります。

寒さだけではなくて、心ぼそさ、不安からも犬たちは私《わたし》たちを守ってくれます。

心の不安といえば、盲導犬《もうどうけん》のことを子どもたちに説明するために小学校を訪《おとず》れたとき、そこの先生から聞いたお話です。

先生によると、今という時代は、昔にくらべると生活が快適《かいてき》で便利になったけれども、子どもたちにとっては、いいことばかりではない、といいます。

昔はどこにでもあった野山や原っぱが開発によって消えたことにより、子どもたちの遊び場がなくなり、子どもたちは外遊びができなくなった。それだけではなくて、大きい子どもと小さい子どもがいっしょに遊ぶことで学びあっていた、子ども同士の約束ごとも知らないままに成長する。そういうことから最近では、全国的にみても、いじめや不登校といった問題をかかえる子どもたちが多くなっている、というのです。

しかし、北海道は寒冷地のおかげで、どんなに時代が変化して生活が快適《かいてき》に便利になっても、寒さだけは昔と同じで変わらない。冬は長いし、雪も降《ふ》りつもる。

そして、雪が降《ふ》れば子どもたちは外で遊ぶ。スキーをしたり、スケートをしたり、ソリですべったりして。そのとき、子どもたちは夢中《むちゅう》になって、はしゃいで遊びまわっているけれども、それは寒さから身を守ること、そのことを学んでいるんだよね。寒さは自然に緊張感《きんちょうかん》を生むし、そのことが子どもたちの心にいきいきとした生きる意欲《いよく》を育てるんだよ。

そうはいっても、成長期にある子どもたちの心は、どんな子どもでもひとりになったときは不安にゆれ動くものだから、そういう子どものそばに犬がいると、子どもたちは犬に心をひらくことで心が安定し成長する。寒さと犬は、子どもたちにとっては最良の教師役《きょうしやく》をつとめてくれるんだよと、先生はいいます。

そうかもしれません。盲導犬《もうどうけん》をかこんだ子どもたちの目は、きらきらと輝《かがや》いていました。犬にさわってもいいよ、といったときは、わあーっと歓声《かんせい》があがりました。犬の尾《お》にそっとさわった子はそれだけで、わっと、とびのきましたし、犬の前に座《すわ》りこんでうれしそうにけらけらと笑いころげている子もいました。先生のお話のとおり、子どもたちはほんとうに犬がすきなんだな、と思いました。

しかし、犬を飼《か》うということは簡単《かんたん》なことではありません。安定した規則正《きそくただ》しい生活が求められますし、ときには忍耐《にんたい》も必要です。生きものを飼《か》うということは、その命に責任《せきにん》をもつことです。でも、かわいいという感情《かんじょう》さえもてば、ごく自然に刻々《こっこく》と変化する事態《じたい》に子どもなりのやり方で臨機応変《りんきおうへん》に対応《たいおう》できます。その結果は、犬の信頼《しんらい》という形で手にすることができます。なぜなら、犬はけっして人を裏切《うらぎ》らないからです。寒さは人の気持ちをあたため、人と人、人と犬を結んでくれます。

先生のお話を聞きながら、ふっと思いました。

北海道盲導犬《もうどうけん》協会の活動がたくさんの人の貴《とうと》い善意《ぜんい》によって運営《うんえい》できているのは、厳《きび》しい寒さから生まれる人の心のあたたかさと、北海道の人の犬ずきという、そのふたつが揃《そろ》っているからかもしれないと……。

寒さも犬も天からの贈《おく》りものです。

押《お》さないでよ。押《お》してないよ。匂《にお》いをかいでるだけ。
とってもいい匂《にお》い。友だちの匂《にお》いだよね。

❄ミニーが欲《ほ》しかったもの

ミニーが引退犬《いんたいけん》となって老犬ホームに入所したのは、私《わたし》が老犬ホームではたらきはじめて二年目頃《ごろ》のことでした。その頃《ころ》の私《わたし》は、老犬たちのお世話をすることでせいいっぱいで、老犬たちの心のことまで考えることはできませんでした。

ミニーは引退犬《いんたいけん》となって入所しましたが、まだまだ元気で健康でしたから、老犬ホームの数頭飼《が》いの犬舎《けんしゃ》で飼育《しいく》をすることにしました。

ミニーが引退犬《いんたいけん》となっても脚《あし》が弱くなったというだけで健康だったのは、ユーザーであるミニーのご主人が、園芸農家で植物の手入れをする仕事をされていたからかもしれません。

ミニーは、盲導犬《もうどうけん》として約十年、ご主人の歩行を安全に守ってきました。といってもご主人が外出されることは、そう多くはありません。ほとんど毎日、家の敷地《しきち》内にあるビニールハウスのなかで、鉢物《はちもの》の植物の手入れをして過《す》ごされるからです。

ご主人がビニールハウスのなかで仕事をするあいだ、ミニーは庭に放し飼《が》いにされて、普通《ふつう》の犬のように過《す》ごしていました。

でもミニーは、盲導犬《もうどうけん》として人につくすことを教えられています。ですから、ミニーは自由に庭で遊んでいるように見えても、いつもご主人のまわりにいて、ご主人の指示《しじ》を待っていました。

ご主人はビニールハウスに入ったら、なかなかそこを動きません。視覚《しかく》に障害《しょうがい》のあるご主人は鉢物《はちもの》の植物の手入れをはじめると、両手の触感《しょっかん》を頼《たよ》りに仕事をしますから全神経《しんけい》を手に集中します。すると、まわりのことは頭に入りません。仕事に熱中するのです。

ミニーは、そんなご主人のそばで自由に遊んでいましたが、そのうちに家にお客さんがやってくると、「お客さんがきたよ」と知らせてくれるようになりました。

また、家に電話がかかってくると、ベルの音を聞きつけて、「電話だよ」と教えてくれるようになりました。

もちろん、ご主人は、そのたびによろこんで、ミニーをほめてやりました。ほめてあげたばかりではなくて、ミニーの相手をして遊んであげたり、お手伝いのごほうびに、畑のトマトをもいでミニーにあげたりもしました。トマトはミニーの大好物でしたから、ミニーは尾《お》を左右にぱたぱた振《ふ》って、「もっとちょうだい！　おいしいよっ」とさいそくして、五個《こ》も六個《こ》も食べました。

そんなミニーに、ご主人はミニーが欲《ほ》しがるだけトマトをやりました。そして、ミニーがしたがることはなんでもやらせてやりました。たとえば、ボール遊びや棒投《ぼうな》げです。

ミニーはご主人に遊んでもらいたくなると、ボールや棒切《ぼうき》れをくわえてもってきます。するとご主人は、仕事の手を休めて、腰休《こしやす》めに庭でミニーとボール遊びの相手をしてやります。ミニーは大よろこびでボールを追いかけ、ご主人のもとに駆《か》けてきます。ふたりは、なんどもなんどもボールを投げて遊びました。

そんなふうにのんびり暮《く》らしているあいだに、ご主人にもミニーがお客さんがきたことを知らせにきたり、電話がかかってきたことを教えたりする理由が、だんだんにわかってきました。

ミニーは人につくすように教えられています。ミニーは遊びたがっているようにみえても、じつはいつもご主人を見ていたのです。

お客さんがきたことを知らせるのも、そうです。お客さんは、家にご主人の姿《すがた》が見えないと、奥《おく》さんにきいてビニールハウスにむかいます。ミニーは、その様子を見て、ご主人のところに駈《か》けよって知らせるようになったのです。

電話も同じです。電話がかかってくると、奥《おく》さんがご主人に知らせようとしますから、その様子を見て、奥《おく》さんよりもはやく、ミニーがご主人に知らせるのです。ボール遊びにさそいだすのは、いつもご主人が根をつめすぎて、腰《こし》を痛《いた》めるのを知っていて、腰《こし》のばしをするようにとご主人に教えるようになったのです。

「ほんとうにミニーには感心させられることばかりです。ひとつも教えたわけでもないのに、よく見ていて自分から動いてくれるんですよ」

とご主人はミニーをほめました。もちろん、外出するときも、そんなふうにかしこいミニーなら心くばりもしてくれて、なんの心配もいりません。ミニーにまかせていれば事故《じこ》にもあいませんし安心して歩けます。こんなに頼《たよ》りになるパートナーはほかにはいません。もう、ミニーなしではやっていけません、とご主人はいいます。

ところが、そんなミニーも十年ほどたつと脚《あし》が弱ってきました。歩行のときの注意力も落ちてきました。

やがて、ご主人も奥《おく》さんとともに体のぐあいが思わしくなくなって、かわいいミニーの世話ができなくなりました。

そこでご主人は、北海道盲導犬《もうどうけん》協会に電話をして、ミニーの様子をみてもらうことにしました。

協会の歩行指導員《しどういん》がミニーの健康状態《じょうたい》をみたところ、

「ミニーはだいぶ弱っているようですね。これでは家で世話をするのは大変でしょう。協会の老犬ホームに入所させて静養させたほうがいいでしょう。ミニーのためにも、ご主人のためにもね、このままではとも倒《だお》れになりかねませんからね」

というこ とになりました。

ご主人は、協会の老犬ホームでお世話をしてもらえるのなら、こんなにありがたいことはない、ミニーに会いたいときはいつでも会いにいけるからと、ミニーを老犬ホームに入所させることを決心されます。

そのミニーを受けとったのが、はたらきはじめて二年目の、まだ新人の私《わたし》でした。

そのときの老犬ホームは現在《げんざい》のホームと違《ちが》って旧《きゅう》老犬ホームでした。

ミニーは、入所してきた頃《ころ》は、とてもさびしそうに見えました。ほかの老犬たちといっしょにいても、いつもぽつんとしていました。

私《わたし》はミニーを見るたびに、いつも胸《むね》が痛《いた》くなりました。

たぶん、これまでは広い庭で自由に歩きまわる生活だったのでしょう。老犬ホームの生活に慣《な》れないこともあったと思います。

ミニーは、なにかすきなものを食べたいのかなと思って、トマトやリンゴをあげても食べません。ほかの老犬たちはよろこんで食べるのにです。

ミニーは、食べものではなくて、ほかのなにかが欲《ほ》しかったのだと思います。

私《わたし》は、ミニーが欲《ほ》しがるものがなんなのかを考えました。ミニーのさびしそうな様子を見て考える日が、そのあと、何日もつづきました。

そして、ある日、はっ！　としたのです。

ミニーの欲《ほ》しがってるのは、人に甘《あま》えることなんだということに気がついたのです。

ミニーは人がだいすきな犬です。そのことはわかっていました。それに見たところ、健康にも問題はありませんでした。ほかの犬たちになじんでくれるかどうかわからないまま数頭飼《が》いの犬舎《けんしゃ》に入れていたのです。

そこでその犬舎《けんしゃ》からだして、いつも職員《しょくいん》がいる、詰所《つめしょ》の方に移《うつ》してやりました。そして、声をかけ、名前をよんで世話をしてやるようになると、それまでのさびしそうな表情《ひょうじょう》が消えて、だんだんに元気になり、私《わたし》にもなついてくれるようになりました。

それからは、私《わたし》はミニーをうんと甘《あま》えさせるようにしました。頭をなでてやり、

「ミニー、いい子だね。ミニー、がんばってきたね。ミニー、えらい、えらい」

そんなふうにたびたび声をかけてやると、ミニーはうれしそうに尾《お》を左右にぱたぱた振《ふ》って、すり寄《よ》ってきました。

「よしよし、さあ、いっしょに遊ぼうね。なにして遊ぼうか？」

というと、大よろこびして、おなかを上にして寝《ね》ころびます。その頃《ころ》からミニーの食事の量もふえて活発になってきました。

そのとき、私《わたし》はそんなミニーの変化を見て、犬も人も同じなんだな、と思いました。

ミニーがさびしかったのは、甘《あま》えさせてくれる人がいなかったからでしょう。

それにしても、犬にしても人にしても、心というのはふしぎなものです。

ミニーがさびしがっているとき、たまたまそばにいたのは私《わたし》でした。

その私《わたし》がミニーのさびしさに気づき、ミニーに声をかけたのです。たぶん、私《わたし》も仕事をおぼえるのに必死だったのかもしれません。私《わたし》の心のなかにも、ミニーと同じ、さびしさがなかった、とはいいきれません。

ミニーに寄《よ》りそうことで、甘《あま》えることの大切さをミニーから学んだといえるでしょう。ミニーが私《わたし》になついてくれ、ミニーが私《わたし》に甘《あま》えてくれることで、私《わたし》自身もほっとひと息つき、そのときの自分のせいいっぱいさに気づくことができたのですから。

ぎりぎりがんばっているときには、意外と自分の気持ちを置き去りにしているものです。そして、まわりのことに目が届《とど》きません。

ミニーのご主人がもくもくと鉢物《はちもの》の手入れをされているときも、たぶんそんなふうだったのかもしれません。

そんなとき、ミニーがボールをくわえてきて、「遊ぼうよ、おとうさん」といってくれるとご主人は、「おう、そうか、そうか」と手を休ませたのでしょう。

私《わたし》の場合も同じだったと思います。ミニーが私《わたし》に心をひらいてくれて、初めて私《わたし》もミニーと同じ立場に立ちかえって、自分の気持ちに気づいたのです。

私《わたし》は、ミニーを甘《あま》えさせましたが、ほんとうのところは、ミニーが私《わたし》を甘《あま》えさせてくれたのだと思います。これはなつかしいミニーとの思い出です。

くっついて寝《ね》るのがいいんだよねー。ぴったりくっついて、みーんななかよしです。

❄我《わ》が家《や》にきたはじめての犬、ラン

あれはたしか一九九〇年の十二月のことでしたから、私《わたし》が北海道盲導犬《もうどうけん》協会の職員《しょくいん》としてはたらきはじめた年になります。

十二月の晴れわたったその日、私《わたし》はひさしぶりのお休みでのんびりと、家の前で車を洗《あら》っていました。

私《わたし》の家は、幅《はば》八メートルのバス通りに面した、バス停の前にあります。私《わたし》たち家族が中島公園のそばの家から引っこしてきてまもない頃《ころ》のことで、札幌市《さっぽろし》の西にある豊平区《とよひらく》の新興住宅地《しんこうじゅうたくち》は、まだのどかな風景が広がっていました。私《わたし》の家が建つ側には、すでに家が建ち並《なら》んでいましたが、バス通りを渡《わた》ったむこう側は畑がひろがっていて、その先の森が見えるほど見晴らしがききました。

私《わたし》はホースをたぐって、ザアザアと水をかけながらブラシで車を洗《あら》っていました。

そのときのことです。どこからか、クンクンという子犬の鳴き声が聞こえてきて、バス通りに目をやると、子犬がこちらにむかってとことこと歩いてくるのが見えました。

バス通りには一台の車も走っていなくて、バス通りのむかい側の歩道を若《わか》い男の人が歩いていました。その男の人も、子犬を見ながら歩いています。

とっさに私《わたし》はその人に、目だけで、道路ごしに、

「この子犬、お宅《たく》の犬？」

と問いかけました。するとその人はあわてたように首を横に振《ふ》って、そのまますたすたと足早に歩いていってしまいました。

子犬がその人についてきたのか、その人もこまっていたのか、そのあたりの事情《じじょう》は、私《わたし》にはまったくわかりませんでした。

それはとっさのことで、私《わたし》はびっくりして、

〈えっ！　ど、どうするの、この子犬？〉

と思っても、すでにその人の姿《すがた》はかき消えていました。バス通りはまっすぐのびる一本道です。角をまがるということもありません。わずかの時間のことです。かき消えるように見えなくなったというのも、いま考えればふしぎなことでした。そして、子犬はバス通りを渡《わた》りきって、私《わたし》の足もとまでやってきて、クンクンと鳴きました。

子犬は丸々《まるまる》と太っていて、ひとなつっこくて、ひと目見ただけで、だれかに飼《か》われているということがわかりました。

私《わたし》はホースもブラシも放り投げて、むくむくとした子犬を抱《だ》きあげました。

生後二ヵ月ぐらいでしょうか。鼻のまわりは黒毛、体全体は濃《こ》い茶色、立ち耳で巻《まき》尾《お》で、どうやら柴犬《しばいぬ》のミックスらしい女の子でした。

子犬はクンクンと鳴き、私《わたし》の手といわず顔といわずぺろぺろとなめまわしました。

「わあー、かわいいっ！」

私《わたし》はぬいぐるみのような子犬を、抱《だ》いたまま、家に駈《か》けこんで母をよびました。

「かあさんっ！　子犬を拾ったよ、飼《か》いたい、飼《か》ってもいいでしょ！」

あとになって聞いたのですが、そのとき、私《わたし》はそういったのだと、母はいいました。

私《わたし》はぜんぜんおぼえていません。我《わ》が家《や》ではそれまで犬を飼《か》ったことはありません
し、私《わたし》に犬が飼《か》えるなんて思ってもいなかったので、そのときの母の話は、ちょっと
意外でした。

事実はどうであれ、そのとき、母はにこっと笑って、両手をさしだし、

「まあ、まあ、めんこい子犬だねー」

といって子犬を抱《だ》きあげたことは、おぼえています。そして、

「おばあちゃんがいいっていったら飼《か》ってもいいよ」

といったことも、はっきりおぼえています。

私《わたし》は子犬を抱《だ》いて、おばあちゃんの部屋《へや》にいき、子犬を見せました。すると、すぐに、

「かわいいねー」

とおばあちゃんはいったのです。おばあちゃんのひとことは、我《わ》が家《や》では天の声で

す。これで子犬を飼《か》うことは決まったようなものでした。

しかし、だれかの子犬であることは、当然考えられます。さっそく、迷《まよ》い子犬の飼《か》い主《ぬし》さがしのチラシをつくり、町内の電信柱からコンビニやスーパーの店頭に貼《は》って歩きました。それだけではなくて、車で町内を一軒《けん》、一軒《けん》たずねて、子犬をさがしている人がいないか、聞いてまわりました。

二ヵ月ほど、そんな騒《さわ》ぎがつづきました。

そのあいだ、子犬はすっかり家に落ちつき、父と母がつきっきりでかわいがり、トイレと食事のしつけをしていました。

私《わたし》はといえば、昼間は北海道盲導犬《もうどうけん》協会ではたらいていますから、帰ってくるのは夜の八時過《す》ぎです。子犬の世話はどうしたって母の役目となります。

そして、その二ヵ月のあいだ、迷《まよ》い子犬の問い合わせはどこからもありませんでした。

母はすでに子犬に「ラン」という名前をつけていましたから、問い合わせがなかったことをよろこびました。

「ラン？」

私《わたし》は走る、という意味の英語からつけたのだと思って、

「元気な感じでいいね」

といったら、母はにこっと笑って、

「いいでしょ？　ランはお花の女王だからね」

といってランの頭をなぜました。お花のすきな母らしい命名でした。そして、父は、問い合わせがないのを知るといちはやくホームセンターに走り、材料を買いととのえて、丸太小屋風《ふう》のおしゃれな犬舎《けんしゃ》をつくりあげました。なんとガラスの窓《まど》までついている凝《こ》りようで、表札も「ラン」とかかっていました。

ランはリビングで過《す》ごして、バスケットのベッドで寝《ね》ました。昼間は玄関脇《げんかんわき》の犬舎《けんしゃ》にいるようにしつけたのですが、夜はだめでした。「家のなかに入れてよ」とさびしがってクゥーン、クゥーンと鳴きつづけるので、結局、根負けして家のなかで飼《か》うことになり、父がはりきってつくった犬舎《けんしゃ》も、しばらくのあいだは玄関脇《げんかんわき》にありました

が、そのうちに物置に仕舞《しま》うはめになりました。

ランは性格《せいかく》の素直《すなお》なまったく手のかからない子犬で、ひとりで楽しそうにリビングで遊び、夜は自分のベッドでねむりました。朝一番に母がトイレに連れていくのをおぼえてからは、朝になると父と母の部屋《へや》のドアの前で伏《ふ》せの姿勢《しせい》で待つのが日課になりました。

そして、朝と夕方の散歩には、首輪をして、リードをつけると、とびはねるようによろこんで先に立って歩きました。

朝夕の散歩は、父と母の日課になりました。近くの森の公園までは歩いても五分ほどで、広い原生林の木道《もくどう》の散歩道をひとめぐりして帰ってくると一時間くらいかかります。

春先の堅雪《かたゆき》の頃《ころ》は、公園に着くとリードをはずしてもらって自由に駈《か》けまわりました。父と母がクロスカントリー・スキーをはじめたのも、ランとの散歩がはじまってからです。

ランは父と母の前を駈《か》けていき、エゾリスを見つけると追いかけて木にのぼろうとしたり、沼《ぬま》にいるカモたちの群《む》れのなかにザンブととびこんで、母をあわてさせたりもしました。

そんなやんちゃでいたずらっ子の子犬時代の一年を過《す》ぎると、遠出の旅にもおともをしてでかけました。下の兄のアトリエ工房《こうぼう》がある茨城《いばらき》県の水戸《みと》市まで、父と母といっしょになんどもフェリーに乗っていきました。

おばあちゃんは、ランがやってきた頃《ころ》から腰《こし》を痛《いた》めて、寝《ね》たり起きたりの暮《く》らしでしたから、ランはおばあちゃんの部屋《へや》を表敬訪問《ひょうけいほうもん》して、お茶の時間の相手をしていました。

ランの食事は、ドッグフードのみと決めていました。これは健康と病気予防《よぼう》のためでしたが、おばあちゃんがちょっとランに食べものを与《あた》えることについては、お目こぼしで許《ゆる》していました。ランにとってもおばあちゃんからもらう、ちょこっとのおやつは楽しみでしたから、それはそれでよかったと思います。

ただし、家族の食事時間になると、ランは父のひざにあごをのせていましたから、どうやら、父からハムの切れはしなどをもらっているようでした。

その頃《ころ》、父は定年後は、若《わか》い頃《ころ》勉強したかったという電気技師《ぎし》の資格《しかく》をとるために養成所で学んでいました。一、二年かよって資格《しかく》をとったあと、せっかく取得したからと電気技師《ぎし》としてはたらくようになりました。

その仕事はときどき宿直がありました。ビルの電気関係の管理が主な仕事で、宿直の夜は父ひとりの勤務《きんむ》になることから、ランも助手として同行するようになりました。

母は、父とランのお弁当《べんとう》と水の容器《ようき》を用意し、ランは得意満面で父の車の助手席にシートベルトをかけてもらって出勤《しゅっきん》しました。

そして翌朝《よくあさ》、帰宅《きたく》すると、ランは母とトイレにいき、父と仮眠《かみん》をとったあと、父と母といっしょに公園に散歩にでかけました。

そんなふうにして何年も暮《く》らしているあいだには、兄たちが結婚《けっこん》をし、子どもたちが生まれて、父と母を家族連れで訪《たず》ねてくるようになりました。

そんな家族の変化も、ランは自然に受け入れ、兄たちの子どもたちが小さかった頃《ころ》は、辛抱《しんぼう》づよく、なにをされてもおこらずに、子守り役も引き受けてくれました。

子どもたちは、すくすく育って大きくなり、我《わ》が家《や》に駆《か》けこんでくると、わあっとランにとびつき、クレヨンでランの絵を描《か》いたり、紙ねん土でランをつくったりするようになりました。それがなかなか上手で、家族みんなが感心するほどでした。

ランは、十歳《さい》を過《す》ぎた頃《ころ》から鼻のまわりの黒毛が白くなってきて、十五歳《さい》をむかえる頃《ころ》から後ろ脚《あし》を引きずるようになりました。

母はランの腰《こし》に補助《ほじょ》ベルトをつけて、できるだけ歩かせようと散歩に連れだしました。ランは中型犬でしたから、補助《ほじょ》ベルトをつけての中腰《ちゅうごし》での散歩は、母にはかなりこたえたようでした。

そのあとは、昼夜逆転《ぎゃくてん》の日々《ひび》が五ヵ月ほどつづき、二〇〇六年七月に母に抱《だ》かれて天国に旅立ちました。我《わ》が家《や》にバス通りをわたってやってきて以来、ちょうど十六年間を過《す》ごしたことになります。

ランちゃん、我《わ》が家《や》にきてくれて、ありがとう。それが私《わたし》たち家族みんなの心からの気持ちでした。私《わたし》がいまでも会いたいと思う、かしこくて、かわいい犬でした。

かわいいランが死んだあと、父も母もお定まりのペットロス症候群《しょうこうぐん》にかかり、めっきりと無口になって、ぼんやりと日を送るようになりました。ランがまだ元気でいた頃《ころ》に、おばあちゃんも見送っていますから、いよいよ我《わ》が家《や》は火が消えたようになりました。

そんな日々《ひび》が二ヵ月もつづいた頃《ころ》、北海道盲導犬《もうどうけん》協会の老犬ホームにケビンが入所しました。

ケビンには持病がありましたが、日常《にちじょう》生活には支障《ししょう》がなかったことから、父と母に老犬飼育委託《しいくいたく》ボランティアをすすめました。

これは大正解《せいかい》でした。中型犬のランと違《ちが》って、父と母には、初めてのラブラドール・レトリバーでしたが、さすがに盲導犬《もうどうけん》をしていただけあって、ケビンは、頼《たの》もしく、父は「すばらしい！」を連発しました。

ただ、こまったことがひとつありました。巻尾《まきお》のランと違《ちが》って、ラブラドールのケビンの尾《お》は太くて長く、よろこびを全身であらわすときに、尾《お》を左右にさかんに振《ふ》ることです。そのため、尾《お》にあたる物はことごとく振《ふ》りおとされ、応接《おうせつ》テーブルには何も置けなくなりました。

ケビンは四年間、家族の一員でいてくれて、最期《さいご》は、幸いなことに家族全員で看《み》とることができました。私《わたし》自身は、老犬飼育委託《しいくいたく》ボランティアのご家庭のみなさんのご苦労を身をもって知ることができました。

ケビンを見送ったあと、もう一頭、セディを、父と母は老犬飼育委託《しいくいたく》ボランティアとして引き受けましたが、セディは病院通いが必要で、看病《かんびょう》もしてくれました。わずか四ヵ月という短い期間でしたが、父も母もセディによく手をつくしてくれました。ランをはじめ、ケビンとセディの老いと病《やまい》に家族みんなで寄《よ》りそえたことは、ほんとうによかったと思います。我《わ》が家《や》にきてくれた犬たちには、幸せをわけてくれてありがとうと伝えたい気持ちでいっぱいです。そして、父と母にも私《わたし》の仕事を手伝ってもらって感謝《かんしゃ》しています。

❄ 私《わたし》の夢《ゆめ》

私《わたし》の父は、私《わたし》が北海道盲導犬《もうどうけん》協会の老犬ホームではたらきはじめるようになってから、協会に関係のある記事を見つけると、ことごとく切り抜《ぬ》いて保存《ほぞん》するようになりました。

そして、ことあるごとに、時間があるときに読みなさい、といいました。また、仕事に役立つから読みなさい、といいました。

私《わたし》は、いつもそのうちに、といいかげんな返事をしていました。まったく、親の心子知らずの見本のようなものです。

父がつくるその保存帳《ほぞんちょう》は、年々《ねんねん》増《ふ》えてゆきましたから、私《わたし》にとっては、いよいよもってありがた迷惑《めいわく》でした。

そんな私《わたし》が、あるお休みの日の午後、ふっと父の保存帳《ほぞんちょう》をめくってみる気になって手にとり、ぱらぱらとページをくって読みだしたのです。

気がつくと、窓《まど》の外は夕暮《ゆうぐ》れ、部屋《へや》が暗くなっているのにも気づかずに、切り抜《ぬ》き記事を読みふけっていました。もちろん、父に感謝《かんしゃ》する気持ちなどはなくて、ただ、北海道盲導犬《もうどうけん》協会の内外のことで、私《わたし》が知らなかったことばかりだったことに、すっかり感心してしまったのです。

その古い切り抜《ぬ》き記事のなかに、あるユーザーの手記がありました。

それは、盲導犬《もうどうけん》との出会いと別れについて綴《つづ》られた手記でした。読み進むうちに、文字が涙《なみだ》でにじんで、ぼやけてきました。涙《なみだ》なくしては読めない、つらく悲しい盲導《もうどう》犬《けん》との別れの手記でした。すこし長くなりますが、ご紹介《しょうかい》しましょう。

その前に、私《わたし》はその悲しい手記を読んだあと、しばらくのあいだ、ぼんやりとして、それから、ぽっ！　とひとつの夢《ゆめ》を思い描《えが》きました。

それは、どうしたら、こんな悲しいことをこの世界からなくせるだろうか、と考えているうちに浮《う》かんできたものです。

それをそのとき私《わたし》は、「夢《ゆめ》」と名づけました。

人に話したら、ばかげていると笑いとばされるようなものです。そして、それは、どう考えても実現不可能《じつげんふかのう》なものです。それだからこそ、「夢《ゆめ》」なのですが、ユーザーから寄《よ》せられた悲しい手記を読み、そのあとで、私《わたし》が思い描《えが》いた夢《ゆめ》のことをお伝えすると、あるいは、わかっていただけるかもしれません。

まずは、ユーザーの手記からお伝えします。

その手記は、北海道盲導犬協会《もうどうけん》ユーザーの会の文集に寄稿《きこう》されたもので、そのあと、地元新聞に掲載《けいさい》されたものです。

手記を綴《つづ》ったユーザーは、オホーツク沿岸《えんがん》の小さい町にお住まいの女性《じょせい》です。

この方は、二十代の頃《ころ》、職場《しょくば》の事故《じこ》にあわれて中途《ちゅうと》失明者となられます。そのときから、三十数年間を光を失った生活をされるのです。

その三十数年のあいだには、結婚《けっこん》をし、子育てをして、その子どもたちも成長して巣立ち、遠くの都会で暮《く》らすようになります。

おそらく結婚《けっこん》以来、闇《やみ》の世界に生きるその方を支《ささ》え、寄《よ》りそってこられたのはご主人だったのでしょう。

子どもたちが家を離《はな》れたあとの、夫婦《ふうふ》ふたりの暮《く》らしに盲導犬《もうどうけん》がやってきます。三十数年の闇《やみ》の世界に、初めて光がともります。

それまで、ひとりではできなかった外出ができるようになります。

なによりもうれしかったのは、盲導犬《もうどうけん》に導《みち》びかれて買物にでかけ、ご主人のために食料品を買い求め、食卓《しょくたく》を普通《ふつう》の奥《おく》さんのようにととのえてあげられることのよろこびでした。

ごきげんなご主人の、うきうきした声が食卓《しょくたく》にひびきわたりました。我《わ》が子《こ》のようなかわいい盲導犬《もうどうけん》との三人の暮《く》らしがはじまったのです。

しかし、やっと手に入れた、そのささやかな暮《く》らしも、ご主人の突然《とつぜん》の死で、わずか二年で終わりをつげます。

再《ふたた》び、失意の生活がはじまります。その生活を支《ささ》えてくれたのは、盲導犬《もうどうけん》でした。

――もし、盲導犬《もうどうけん》がいなかったら、かあさんは、とうさんのあとを追って、自殺していたに違《ちが》いない。ほんとうに、そばにいてくれてありがとう――と手記には綴《つづ》られています。

そして、そのあと、この方は北海道盲導犬《もうどうけん》協会のユーザーの会が主催《しゅさい》する行事に参加して、スポーツや趣味《しゅみ》、行楽を楽しまれます。同じ視覚《しかく》に障害《しょうがい》をもつ人たちとの交流は、大きな励《はげ》みになりました。

都会に住む子どもたちの家にも、盲導犬《もうどうけん》をともなって空路訪《おとず》れることもできました。

でも、世間の人はまだまだ視覚《しかく》に障害《しょうがい》をもつ人には理解《りかい》がなくて、楽しいことばかりではありませんでした。

「あれ、めくらがいくよ」

と心ない人に指をさされる日もありました。

そんな日の夜はつらくて悲しく、目に手をあてて泣いたのだと。……
すると、その手をはらいのけるように、ぬれた鼻を押《お》しつけてきて、
「泣いちゃだめだよ、かあさん」
というふうになぐさめてくれたのは盲導犬《もうどうけん》だった、とつづきます。
また、ある日は、冬の散歩の帰り道、猛吹雪《もうふぶき》にあい、帰り道を見失ってしまいます。
うなり、吹《ふ》きつける、横なぐりの地吹雪《じふぶき》にうずくまり、
「ああ、もうかあさんはだめ。おねがい、家に連れてって！」
盲導犬《もうどうけん》のハーネスにしがみつきながら、助けを求めます。
盲導犬《もうどうけん》は吹雪《ふぶき》に立ちむかい、ふんばり、あえぎあえぎ、必死に歩きつづけ、そして、
ぴたりと止まったところが家の前だった、ということもありました。
命を守ってくれた盲導犬《もうどうけん》、体の雪をはらってやり、すっかりこごえた足裏《あしうら》を両手で
あたためてやりながら、ありがたくて涙《なみだ》が止まらなかった、その日の思い出です。
そして月日はめぐり、そのかけがえのない盲導犬《もうどうけん》が、あれほどすきだった散歩をこ

ばむようになります。排泄《はいせつ》も思うにまかせなくなりました。

後ろ脚《あし》を引きずるようになり、獣医《じゅうい》さんに連れてゆきますが、そこでは診《み》てもらえません。盲導犬《もうどうけん》は特別な犬だから、専門医《せんもんい》に診《み》てもらうように、といわれるのです。

しかし、オホーツク沿岸《えんがん》の小さい町のどこに犬の専門医《せんもんい》がいるのでしょうか。まして、ひとり暮《ぐ》らしのその人にとって、盲導犬《もうどうけん》に倒《たお》れられては、どこにもいけません。なによりも、かわいい盲導犬《もうどうけん》になにもしてやれないのです。

その悲しさ、そしてそのくやしさ！

「ああ、どうしたらいいの？　かあさんにはなんの力もないのが悲しい……」

そして、気がついたときには、電話に手をのばし、北海道盲導犬《もうどうけん》協会に盲導犬《もうどうけん》の状《じょう》態《たい》を説明し、お返ししたいといっていた、と綴《つづ》られています。

電話のむこうからは、「はい、いつがいいでしょうか」と問われて、この子のためには一日もはやい方がいいと思って、翌日《よくじつ》、協会に連れていくと約束します。

そして盲導犬《もうどうけん》を抱《だ》き寄《よ》せて、頭をなぜてやりながら、

「ほんとうに長いあいだ、ありがとう。あした、協会にいって、獣医《じゅうい》さんに診《み》てもらって、うんと長生きしてね。かあさんは手放したくはないけど、ここではお医者さんに診《み》てもらえないのよ。どうかわかってね……」

その方の涙《なみだ》の語りかけにこたえるように、盲導犬《もうどうけん》はのどをゴロゴロ鳴らしつづけたそうです。

そして翌日《よくじつ》、オホーツク沿岸《えんがん》の小さい町から札幌《さっぽろ》の北海道盲導犬《もうどうけん》協会まで、友人の車に乗せてもらって盲導犬《もうどうけん》を連れていきます。その車中、ずっと盲導犬《もうどうけん》を抱《だ》きしめ、そのぬくもりを忘《わす》れないようにしようと、ただそれだけを考えていた、とあります。

しかし、協会に到着《とうちゃく》しても、帰りの遠い道のりを考えると、ゆっくり別れを惜《お》しむ時間はありません。

協会の係の人が盲導犬《もうどうけん》を引きとり、犬舎《けんしゃ》に連れてゆくそのあいだ、盲導犬《もうどうけん》の首輪につけてやった鈴《すず》の音が聞こえなくなるまで立ちつくしていた。

――長いあいだ、ほんとうにありがとう、とつぶやきながら……。

そして、帰りの車中、じっと別れのつらさをかみしめていたとも。しかし、その一方では、これでよかったのだ。これであの子は獣医《じゅうい》さんに診《み》てもらえる。協会の人たちに手あつくお世話をしてもらえる。私《わたし》のとった行動はまちがっていなかったのだと、自問自答をくりかえしたと綴《つづ》られています。

――けっして忘《わす》れないからね。

手記は、この言葉で終わっていました。

この手記を読んだとき、私《わたし》が、どれだけこの方の人生に歩み寄《よ》れたのかはわかりません。そして、この方が大切な盲導犬《もうどうけん》を協会に連れてこられたとき、協会の担当者《たんとうしゃ》として引き受けたのは、もしかしたら私《わたし》だったのかもしれません。

引退犬《いんたいけん》をユーザーから受けとるのは私《わたし》の役目で、そのときにユーザーに、私《わたし》がいえるのは、「お預《あず》かりします」というひとことだけです。ユーザーのつらいお気持ちや、それまでの盲導犬《もうどうけん》との暮《く》らしぶりをおたずねするようなことはありません。

私《わたし》はたまたま、父が手記の記事を切り抜《ぬ》いておいてくれたおかげで、その方の人生を知ることができました。もし父が切り抜《ぬ》いて、保存《ほぞん》しておいてくれなかったら読むこともなく、その方の人生にふれることもなかったでしょう。その方の心の奥深《おく》くを、うかがい知ることもなかったと思います。

引退犬《いんたいけん》は毎年、老犬ホームにやってきます。

ユーザーと引退犬《いんたいけん》の別れの場面も毎年くりかえされます。どの場面も感動的で胸《むね》にせまり、切実です。

協会の老犬ホームは、引退犬《いんたいけん》とユーザーの安心のためにつくられました。ですから、別れの場面がどんなにつらくても、そのあとの心配はありません。

しかし、やはり、ただひとつ、引退犬《いんたいけん》の引き渡《わた》しのときのつらさ、悲しさだけは、どんなに老犬ホームが立派《りっぱ》になっても、けっしてなくなることはないのです。

そのつらさ、悲しさを、魔法《まほう》の杖《つえ》のひと振《ふ》りで解決《かいけつ》できる方法はないのだろうか？

それが冒頭《ぼうとう》でのべた、私《わたし》の夢《ゆめ》です。その夢《ゆめ》は、ぜったいに実現不可能《じつげんふかのう》な夢《ゆめ》なのです。

しかし、笑われるのをかくごでお伝えしてみます。伝えることで道がひらけるかもしれません。

もしもです。もしも、神さまが、盲導犬《もうどうけん》たちに一生に一度だけ、それもひとことだけ、言葉を話せるようにしてくださるとしたら、私《わたし》は迷《まよ》うことなく、どうか、盲導犬《もうどうけん》たちがハーネスをはずして引退犬《いんたいけん》になって、ユーザーに連れられて協会の老犬ホームにやってきたそのときに、

「ただいま」

という言葉を話せるようにしてやってください、とおねがいします。

なぜならば、もしも、老犬ホームに入所する、その別れのときに、引退犬《いんたいけん》たちが、

「ただいまっ！」

と元気よくいってくれたら、ユーザーとの別れの場面はこれまでとは、すっかり変わるのではないかと思うからです。

「ただいま」という言葉は、ただいま、家に帰ってきました、という意味です。「さようなら」とは、ぜんぜん違《ちが》う言葉です。

そして、引退犬《いんたいけん》たちが、「ただいま」とひとことということで、もしかしたら、ユーザーのお気持ちも変わるかもしれないのです。

引退犬《いんたいけん》を受けとる役目の私《わたし》にとっては、まるっきり変わります。

引き渡《わた》されるそのときに、引退犬《いんたいけん》たちが、

「ただいま」

といってくれたら、私《わたし》は素直《すなお》な気持ちで、

「おかえりなさい。長いあいだ、ごくろうさま。これからはホームでゆっくり過《す》ごしてくださいね」

といえます。これまでのように、「お預《あず》かりします」ではなくてです。

ユーザーの方は、引退犬《いんたいけん》が、

「ただいま」

といってくれたら、

「これまで、いろいろありがとう。ゆっくり休んでね、ときどき会いにくるよ。元気でね」

という言葉がでてくるのではないでしょうか。つらく、悲しく、後ろ髪《がみ》を引かれるような別れではなく、心からの感謝《かんしゃ》と明るい明日の約束ができるかもしれません。

私《わたし》の夢《ゆめ》がかなえられているケースもあります。

それは、盲導犬《もうどうけん》を子犬時代に一年間、預《あず》かって育ててくださったパピーウォーカーのご家庭に、引退犬《いんたいけん》が帰ってゆくケースです。

このケースでは、引退犬《いんたいけん》たちは、言葉こそ話しませんが、その状況《じょうきょう》は、「ただいま」といって帰り、家の人たちは、「おかえり。長いあいだ、ごくろうさま。これからはゆっくり過《す》ごしてね」とむかえてくださっているからです。

それにしても、言葉というものは、ふしぎな力をもつものだと思います。

「ただいま」という言葉が、そこにあるかないかで、場面はまったく違《ちが》ってくるからです。

だからこそ、私《わたし》は、もしも神さまが引退犬《いんたいけん》たちに「ただいま」という言葉を話せるようにしてくださるならば、という夢《ゆめ》を見るのです。


そして、もうひとつ、その先をお伝えしてみます。

やはり、これも、もしも、あるいは、もしかしたらという、たとえ話です。

もしかしたら、引退犬《いんたいけん》たちは、すでに、

「ただいま」

といっているのかもしれない、と想像《そうぞう》してみます。私《わたし》は、それを聞きのがしているのかもしれないのです。あるいは、引退犬《いんたいけん》たちは「ただいま」といっているのに、私《わたし》だけが気がついていないのかもしれない、と想像《そうぞう》してみます。

そういうふうに考えるとき、言葉の力と同じように、想像《そうぞう》する力も、それがありさえすれば、実現不可能《じつげんふかのう》な夢《ゆめ》でも、現実《げんじつ》のものにできるのかもしれません。

ですから私《わたし》は、引退犬《いんたいけん》たちが、おだやかな表情《ひょうじょう》で、「ただいま」といって帰ってくるところを想像《そうぞう》してみます。

そのとき、ユーザーの方も、にっこり笑って、引退犬《いんたいけん》に、

「これまでありがとう。また会いにくるよ。元気でね」

といって見送られるところを想像《そうぞう》してみます。

いかがでしょうか。想像《そうぞう》するだけならば、明日からでもできるような気がします。

そして、こんな夢《ゆめ》がほんとうに実現《じつげん》したら、これまでのように、ユーザーと引退犬《いんたいけん》の別れの場面だけをとりあげて、悲劇的《ひげきてき》に伝えられることもないような気がするのです。

二度と再《ふたた》び会えない、ほんとうの別れは、そのあとにくるのですから、せめて命のあるあいだは、犬にも人にもともに、できる限《かぎ》り、楽しいことがひとつでも多くありますようにとねがっています。

引退犬《いんたいけん》たちの老後の暮《く》らしを、すこしでも楽しく過《す》ごして欲《ほ》しいとねがうそのことは、北海道盲導犬《もうどうけん》協会の老犬ホームという形になって、盲導犬《もうどうけん》第一号ミーナとジョナ

が歩いた道から生まれました。その事実から、協会の老犬ホームは、ミーナとジョナといっしょにつくったともいえるでしょう。

そのミーナとジョナは、文字どおり協会に、

「ただいま！」

といって帰ってきたのです。

そのことを私《わたし》たちは、忘《わす》れてはならないと思います。

そして、このかけがえのない老犬ホームは、ミーナとジョナと私《わたし》たちみんながかわしあった、夢《ゆめ》の約束の砦《とりで》です。

世界で初めての、老犬たちに贈《おく》る、最後の愛の贈《おく》りものです。

世界一すばらしいその約束の夢《ゆめ》の砦《とりで》を、みんなのひとりとして守りつづけてゆきたいとねがっています。

「ただいま」「おかえり」という、はずむようなあかるい声が、北海道盲導犬協会《もうどうけん》の老犬ホームにひびきわたりますように――。

霊犬安眠

辻 惠子（つじ けいこ）

1966年、札幌生まれ。

札幌市立平岸高等学校、北海道立武蔵短期大学卒業。

1988年、北海道盲導犬協会の老犬ケネル（犬舎で犬の健康管理）の担当職員として採用され現在に至る。

〈写真提供〉
北海道盲導犬協会 10、32、98、102、111、112、120、175頁
著者 45、66、87、136、146頁

〈カバー・もくじイラスト〉辻 梨真

〈オビ写真〉高野 博 撮影

ハーネスをはずして
――北海道盲導犬協会の老犬ホームのこと

2016年4月30日 初版発行
2017年8月5日 3刷発行

著 者 辻 惠子

発行者 山浦真一
発行所 あすなろ書房
〒162-0041 東京都新宿区早稲田鶴巻町551-4
電話 03-3203-3350（代表）

装 丁 タカハシデザイン室
印刷所 佐久印刷所
製本所 ナショナル製本

ISBN978-4-7515-2769-6 NDC916 Printed in Japan